# 만성질환자를 위한
# 스트레스 관리

## 완치가 어려운 만성질환자의 삶의 질 높이기

Jason M. Satterfield 지음

이재헌 옮김

Σ시그마프레스

# 만성질환자를 위한 스트레스 관리

완치가 어려운 만성질환자의 삶의 질 높이기

발행일 | 2014년 5월 20일 1쇄 발행

저자 | Jason M. Satterfield
역자 | 이재헌
발행인 | 강학경
발행처 | (주)시그마프레스
편집 | 송현주
교정·교열 | 김문선, 남혜주

등록번호 | 제10-2642호
주소 | 서울특별시 영등포구 양평로 22길 21 선유도코오롱디지털타워 A401~403호
전자우편 | sigma@spress.co.kr
홈페이지 | http://www.sigmapress.co.kr
전화 | (02)323-4845, (02)2062-5184~8
팩스 | (02)323-4197
ISBN | 978-89-6866-113-6

## Minding the Body: Workbook

* 책값은 뒤표지에 있습니다.
* 이 도서의 국립중앙도서관 출판시 도서목록(CIP)은 서지정보유통지원시스템 홈페이지(http://seoji.nl.go.kr)와 국가자료공동목록시스템(http://www.nl.go.kr/kolisnet)에서 이용하실 수 있습니다.(CIP제어번호 : CIP2014015147)

# 역자 서문

시대가 변함에 따라 사망의 원인도 많이 달라졌습니다. 과거에는 불의의 사고 혹은 급성질환으로 인한 사망이 다수를 차지하였으나, 사회의 변화와 의학 기술의 발달로 인해 이제는 암이나 만성심장질환 등과 같은 소위 만성질환들이 사망원인의 1, 2위를 차지하는 시대가 되었습니다. 이러한 질병들도 치료 기술의 획기적인 발전으로 인해 수명에 미치는 부정적인 영향이 줄어들게 되어 환자의 생존율은 높아지고 기대여명도 늘어나게 되었습니다. 결국 투병을 하는 인생 말년의 기간이 늘어나게 된 셈입니다. 과거에 비해 정신건강에 대한 사회적 인식이 높아지면서 일반인들 중에서도 정신건강의학과 진료와 같은 정신보건 서비스를 찾는 분들이 점차 많아지고 있습니다. 그러나 정신건강의학적 진료나 서비스가 가장 필요한 분들은 앞서 언급한 중증 만성질환으로 투병하고 있는 환우들이 아닐까 생각됩니다. 실제 국내의 한 연구에 의하면 내과계 입원 환자들 중 약 1/3이 우울증이나 불안증과 같은 정신건강의 문제를 보였고, 이 중 약 반 수의 환자들이 적절한 정신건강의학적 치료를 받고 있지 못하다고 합니다. 질병, 특히 암이나 만성심장질환, 만성폐질환과 같이 완치가 어려운 만성질환으로 투병하는 환우들이 우울증과 같은 각종 정신 증상을 호소하는 것을 접하는 것은 그리 어려운 일이 아닙니다. 질병이라는 가장 명백한 스트레스 요인을 가지고 있는 이들을 위해 '어떻게 하면 좋은 서비스를 제공할 수 있을까'에 대한 관심과 고민이 늘 있었습니다. 그러던 중 이 워크북을 통해 실제 임상에 도움이 되는 많은 유용한 정보와 지식을 얻을 수가 있었습니다. 일반인의 스트레스 관리 또는 정신질환별 환자용 워크북 등은 다수의 번역서가 국내에 출판되어 소개되어 있지만, 내외과적인 완치가 어려운 만성질환이 있는 환자를 위한 정신건강 지침서는 매우 드문 현실입니다.

이 워크북은 옥스퍼드대학교 출판사의 Treatments *That Work*™ 시리즈의

Mininding the Body를 번역한 것입니다. 중등도 이상의 암, 만성폐쇄성폐질환(COPD), 만성심부전 등과 같이 완치가 어려운 만성질환이 있는 환자들 중 현재 적극적인 치료 중이거나 기대여명이 대략 1~5년으로 예상되는 환자분들의 스트레스 관리 및 심리적 적응을 위한 워크북입니다. 호스피스에 대한 내용은 아닙니다. UCSF(University of California, San Francisco) 병원의 행동의학과장 및 임상의학과 교수인 Satterfield 박사가 개발한 이 프로그램은 UCSF 병원의 다학제적 통합지지치료팀(Comprehensive Care Team)을 통해 검증이 된 프로그램입니다. 치료자의 도움을 받아 개인 혹은 집단치료의 형식으로 사용될 수 있는 프로그램이며, 임상적 상황에 따라 다양하게 변형 혹은 수정되어 사용할 수 있습니다. 무엇보다 이 프로그램의 우수성은 질병으로 투병하고 있는 환우들에게 직접적으로 도움이 될 수 있는 각종 스트레스 대처 기술, 사회적 지지망 구축, 의료진과의 대화법, 의학적 증상 조절법, 그리고 스트레스 극복을 넘어 영성 추구의 영역까지 환자의 신체와 정신을 포함하는 전인적인 케어를 지향하고 있는 점이라고 생각됩니다. 이 워크북이 미국의 의료 현실을 배경으로 하여 기술된 내용이라 현재 우리나라의 의료 제도나 상황과는 차이가 있는 부분들이 있습니다. 특히 제8회기에서 제10회기까지의 내용 중에는 일부 우리의 의료 상황에 맞지 않는 내용들이 다수 있습니다만, 원서를 충실히 번역한다는 취지에서 편집이나 각색 없이 번역을 진행하였음을 말씀 드립니다. 이를 고려하여 환자분들은 치료자의 지도와 안내에 따라 활용할 것을 권유합니다. 더불어 이 프로그램을 지도하는 치료자분들은 이 워크북의 치료자용 가이드북인 A Cognitive-Behavioral Approach to the Beginning of the End of Life를 참고하면 보다 상세한 도움을 받을 수 있을 것으로 생각됩니다. 이 프로그램은 완치가 어려운 만성질환자를 대상으로 개발된 내용이지만, 거의 모든 스트레스에 적용할 수 있는 유용한 내용들이 포함되어 있어 극심한 스트레스에 시달리는 일반인들에게도 유용하게 활용될 수 있을 것으로 기대됩니다.

아직은 개인적인 역량과 여건 등의 이유로 번역서를 출간하게 되지만, 이후에는 꼭 한국인 환자들을 위한 프로그램을 개발할 수 있었으면 좋겠다는 바람입니다.

작은 책이지만 이 번역서가 나오기까지 도움을 주신 분들이 많습니다. 정신신체의학 및 정신종양학에 대한 가르침을 주신 국립암센터 김종흔 박사님께 감사드리며, 무엇보다 워크북의 번역에 큰 관심을 가지고 지원해주신 원저자 Satterfield 교수님께 감사드립니다. 특히 바쁜 일정 가운데에도 교수님께서 한국어판 서문을 작성하여 주셨는데, 한국의 의료 상황을 역자를 통해 일일이 확인하며 서문을 작성하는 열의를 보여주셨습니다. 환자의 입장에서 최대한 읽기 쉬운 번역을 위해 애를 썼으나 부족함이 있을 수밖에 없었습니다. 오랫동안의 작업에 도움 주시고 이번 역서에서도 아낌없는 조언을 해주신 전문번역가 김선애님께도 깊이 감사의 말씀을 드립니다. 워크북에 대한 검토 및 Satterfield 교수님과 현지에서 긴밀한 소통을 하여주신 카네기멜론대학교 심리학과에 재학 중인 안혜람님께도 감사드립니다. 번역이 지체됨에도 불구하고 아낌없는 지원을 하여 주신 (주)시그마프레스 강학경 사장님과 편집부 직원께도 감사의 말씀을 드립니다. 마지막으로 가족들께 깊은 감사의 말씀을 드립니다.

　이 책이 질병으로 투병하는 많은 환우들의 삶의 질 향상에 조금이라도 도움이 되기를 간절히 기원합니다.

2014년 5월
역자 이재헌

먼저 '만성질환자를 위한 스트레스 관리'에 관심을 갖고 이 책을 선택하여 주신 한국 독자분들께 감사의 말씀을 드립니다. 이 책의 독자분들은 환자 자신 또는 관련 전문가 선생님이실 것으로 생각합니다. 어떠한 이유로 이 책을 읽으시든 간에, 여기서 소개되는 여러 개념들과 연습들이 독자 모든 분들에게 큰 도움이 되기를 희망합니다. 이 책이 한국어로 출판되게 되어 매우 기쁘게 생각합니다. 특히 이 일에 헌신적으로 애써 주신 한국의 강북삼성병원 이재헌 교수님과 진행 상황 공유 등 원활한 연락에 도움 주신 안혜람님께 깊이 감사드립니다.

이 책은 University of California San Francisco의 통합케어팀(Comprehensive Care Team)이 수행한 수년간의 연구와 임상 수행의 결정체입니다. 이 팀은 Robert Wood Johnson Foundation으로부터 재정적 지원을 받아 다학제적으로 구성 되었던 팀입니다. 그리고 이 팀의 최초 설립자였던 Michael Rabow 그리고 Stephen McPhee 박사님의 지도가 있었다는 점을 특별히 말씀드리고 싶습니다. 그러나 가장 감사드려야 할 분들은 본 치료프로그램의 다양한 부분에서 함께 참여하여 주신 많은 환자 및 가족분들입니다. 환자 및 가족분들—이 분들 중에는 심지어 기대여명이 많지 않는 분들도 계셨습니다—의 통찰, 세심함, 그리고 다른 사람들을 돕고자 하는 이타적 열망의 결과로 인해 보다 완성도 높은 최종 프로그램이 개발될 수 있었습니다.

이 책이 처음으로 출판되었던 2006년 이후, 완화케어 및 가정 호스피스케어는 보다 일반화되고 있습니다. 이 책에서 논의되고 있는 정서관리의 필요성 및 관련 난제들에 대한 내용들도 공론화되고 있습니다. 이 책에 소개된 근거중심(evidence-based) 치료전략 프로그램이 가정, 병실, 외래진료실 등 어떤 상황에서 이루어지든 간에, 도움이 절실히 필요한 환자 및 그 가족분들의 고통을 경감시키고 희망을 줄 수 있을 것임을 믿어 의심치 않습니다.

다시 한 번 이 책에 관심을 가져 주신 한국독자분들께 감사의 말씀을 드리며, 여러분들이 하고 계시는 중요한 작업과 수고에도 감사의 말씀을 드립니다.

2014년 5월 4일

Jason M. Satterfield, PhD

Professor of Medicine

Director, Behavioral Medicine

University of California San Francisco

# 차례

# 질문지 차례

# 개관

프로그램에 참여하신 것을 환영합니다! 당신은 질병에 대처하고 삶의 질을 높이는 긍정적인 발걸음을 내딛고 있습니다. 이 워크북은 자매 도서인 도우미 안내서(치료자용 안내서)에 나온 치료 과정과 함께 사용하도록 만들어졌습니다. 당신과 도우미 선생님은 서로 협력하여 당신의 필요에 가장 알맞게 이 프로그램을 조정할 것입니다. 이 워크북은 당신에게 어떤 문제가 중요하고 어떤 분야에 힘을 쏟아야 하는지 알아내는 데 도움이 될 것입니다. 여기에는 스트레스에 대처하기, 기분을 좋게 하기, 사회적 지지 구축, 건강관리나 영성 계발이 포함될 수 있습니다.

워크북의 각 장은 당신의 도우미 선생님과 함께하는 프로그램 회기에 대응합니다. 워크북은 매 회기마다 가져오셔야 합니다. 회기 중에 당신은 워크북에 있는 연습문제를 풀면서 새로운 대처법을 배울 것입니다. 책 여백이나 각 장 끝에 있는 메모란에 메모를 하시는 것도 좋습니다. 매 회기가 끝나면 워크북을 복습하고 숙제를 하셔야 합니다. 숙제는 당신이 기분을 조절하고 질병에 대처하기 위해 필요한 새로운 대처법을 연습하는 데 도움이 될 것입니다. 책 곳곳에는 어떤 주제를 더 알고 싶을 경우 읽으면 좋은 추천도서가 제시돼 있습니다.

이 프로그램을 최대한 활용하려면 당신의 적극적인 참여와 도우미 선생님과의 협력이 꼭 필요합니다. 심각한 질병 때문에 때로는 회기에 나오는 것이나 숙제를 하는 것이 어려울 수 있습니다. 어려움이 있을 때는 문제를 어떻게 극복할 수 있을지 도우미 선생님과 이야기하세요. 이 프로그램은 당신을 위한 것이고 도우미 선생님은 당신과 한 팀이라는 것을 기억하세요. 당신은 가족이나 간병인이 이 프로그램에 함께 참여하기를 원할지도 모릅니다. 하지만 누구도 당신을 대신해서 이 프로그램을 해줄 수는 없습니다. 당신이 얼마나 성취하느냐는 당신 자신에게 달려있습니다.

이 프로그램을 통해 당신은 새로운 대처법과 아마도 새로운 관점을 갖기 시작할 것입니다. 배움은 프로그램을 마쳤다고 끝나는 것이 아니라, 당신이 그 대처법을 심각한 질병이라는 도전에 적용하면서 계속됩니다. 단지 아프다고 해서 당신이 한 사람으로서 성장하는 것이 끝난 것은 아닙니다. 설사 당신이 삶의 마지막 시기를 시작했다고 해도, 당신과 가족들은 '좋은 죽음'을 위해 도움이 되는 일을 할 수 있습니다. 이 워크북은 인생길의 마지막 구간에 들어서는 시점에서 당신을 안내할 수도 있습니다.

# 질병과 스트레스

## 목표

- 이 프로그램에 대해 배우기
- '심신의학(mind-body medicine)'이라는 개념을 배우기
- 병과 스트레스의 순환을 이해하기
- 스트레스와 그 증상을 알아가는 것을 시작하기
- 나의 초기 목표를 세우기
- 이완하기 위해 호흡법을 연습하기

## 프로그램 개관

만성질환이 있다는 것은 매우 큰 스트레스일 수 있습니다. 질병은 몸에 영향을 미치지만 기분과 생각, 세상을 살아가는 방식에도 영향을 미칠 수 있습니다. 질병으로 인해 전반적인 행복감이나 온전하다는 느낌이 줄어들 수 있습니다. 이 프로그램에서 당신은 정신적으로, 신체적으로, 영적으로 더 낫게 느끼기 위해 무엇을 할 수 있는지 배울 것입니다. 첫 회기에서는 스트레스의 기본 원리를 다루고, 이후 회기들에서는 증상과 기분 조절, 생각의 패턴, 문제 해결, 대처, 의사소통, 사회적 지지, 영성, 미래 계획을 다룰 것입니다. 프로그램을 마쳤을 때 당신은 심각한 질병이라는 도전에 대처하는

데 도움이 되는 일련의 새로운 생각과 기술을 갖게 될 것입니다.

## 프로그램 철학

이 프로그램은 인지행동치료에 기초합니다. 인지행동치료는 우리가 생각하고 느끼고 행동하는 방식들 사이의 연관성에 초점을 맞춥니다. 이 프로그램에서 당신은 자신의 생각과 느낌, 행동을 적극적으로 인식하고 분석하고 이해해야 합니다. 도우미 선생님의 안내에 따라 당신은 질병과 스트레스에 대한 실제적인 대처법을 배울 것입니다. 이러한 실제적인 대처법은 그 자체로도 가치 있지만, 당신의 가족, 당신에게 중요한 사람들, 의료진, 심지어 당신의 영적인 힘의 원천과의 '관계(relationship)'에서 치유 가능성을 깨닫는 것을 돕기 위해서도 만들어졌습니다.

이 프로그램은 질병이 얼마나 진행됐는지에 관계없이 심한 만성질환이 있는 사람의 필요에 맞게 만들어졌습니다. 당신은 최근에 질병을 진단받았을 수도 있고, 삶의 마지막에 가까이 있을 수도 있습니다. 이 프로그램에서는 가장 중요한 사회적·영적 문제들을 다룰 것이지만, 이 문제를 불치병에 한정해서는 안 됩니다. 우리 모두는 인간관계를 돈독히 하고 갈등을 해결하며, 우리의 가치관을 분명히 하고 영성과 관련된 선택을 함으로써 혜택을 받을 수 있습니다. 당신이 어떤 병에 걸렸든, 그 병이 얼마나 심각하든, 이 프로그램의 전체적인 목적은 당신이 그 질병과 함께 사는 동안 (또는 그 질병으로 인해 죽어가는 동안) 삶의 질을 최대한 높이도록 돕는 것입니다.

## 프로그램 구성

치료 회기는 총 11번으로, 한 주에 한 번씩 회기에 참여할 것입니다. 각 회기는 약 50분 동안 진행됩니다. 각 회기는 지난주의 숙제나 연습문제를 살펴보면서 시작할 것입니다. 그리고 나서 당신과 도우미 선생님은 스트레스를 정의하기, 기분 조절하기, 의학적 증상에 대처하기와 같은 그날의 새로운 주제를 다룰 것입니다. 회기의 마지막에는 그날의 주제를 구체적으로 보여주는 실제적인 연습문제를 풀고 토론을 할 것입니다. 각 회기는 워크북의 각 장에 대응합니다. 한 회기와 다음 회기 사이에 당신은 토론한 내용 중 일부 방안에 대해 생각해보고, 그것을 일상에 적용할 수 있는지 알아볼 것입니다. 어떤 방안을 배우는 것도 중요하지만, 그 방안이 당신의 특정 상황에서 어떤 도움이 될 수 있는지 알아보는 것이 더 중요합니다. 도우미 선생님은 당신이 배운 대처법을 개인적인 필요에 맞게 조정하도록 도울 것입니다. 가능하다면 당신에게 특히 필요한 회기나 낯선 내용이 있는 회기를 되풀이할 수도 있습니다. 많은 참여자는 프로그램이 끝난 뒤에 추후 회기를 몇 번 갖는 것에서도 도움을 받습니다. 이에 대해서는 프로그램을 진행하면서 도우미 선생님과 이야기할 기회가 있을 것입니다.

## 프로그램 지침

매 회기에 참여하려고 노력하는 것은 중요합니다. 매 회기에 참여할 수 없다면, 도우미 선생님에게 이야기해 자료를 배울 약속을 따로 잡으세요. 도우미 선생님은 당신이 의학적 증상이나 가족에 대한 책임, 교통 같은 문제 때문에 매주 참여하기 어려울 수 있다는 것을 이해하고, 이런 어려움을 극복하기 위해 당신과 협력할 것입니다.

당신은 매 회기에 적극적으로 참여해야 합니다. 매 회기마다 워크북을 가져오세요. 회기 중에 워크북에 필기를 하거나 질문을 적거나 중요한 개념에 표시하고 싶을 수도 있습니다. 도우미 선생님도 적극적으로 참여할 것입니다. 당신과 도우미 선생님은 한 팀이 되어 당신의 질병과 스트레스, 그리고 삶의 질을 높이는 유용한 방법에 대해 알아볼 것입니다. 회기 중에는 편안한 범위 안에서 최대한 깊이 '탐구'하세요. 더 큰 위험을 감수하면 더 큰 보상을 받을 것입니다. 회기 중에 나눈 이야기는 자살이나 학대 같은 몇몇 중요한 예외적인 경우만 빼고는 모두 비밀로 유지된다는 점을 기억하세요.

매 회기 끝에 당신은 도우미 선생님과 함께 회기 중에 배운 것을 연습하는 숙제를 정할 것입니다. 1회 이상의 회기나 숙제에 가족 그리고/또는 친구와 함께하기로 선택할 수도 있습니다. 프로그램을 진행하면서 어떻게 다른 사람들을 참여시킬 수 있는지 의사와 의논하세요.

의학은 대부분 신체(몸)에 초점을 맞춥니다. 질병을 치료하거나 증상을 없애려고 하지요. 하지만 치료에 성공하더라도 여전히 기분이 좋지 않거나 무언가 아주 중요한 것이 빠졌다는 느낌을 받을 수 있습니다. 의사 선생님이 당신의 몸을 치료했지만 당신을 온전한 사람으로서 돌보는 것을 잊은 경우입니다. 그 결과 당신은 혼란스럽고 실망스럽고 무언가 더 나은 것을 찾게 될 수 있습니다.

당신은 이미 심신의학이라는 말에 익숙할지도 모릅니다. 심신의학은 마음과 몸의 상호작용에 초점을 맞춥니다. 심신의학의 주요 원리는 정서적, 정신적, 사회적, 영적, 행동적 요소들이 개인의 건강에 직접 영향을 미칠 수 있다는 것입니다(그림 1.1 참조).

이 프로그램은 심신의학적 접근법을 이용해 온전한 사람으로서의 당신에게 초점을 맞춥니다. 이 접근법은 삶의 질을 높이고 불필요한 고통을 줄이는 데 도움이 될 것입니다.

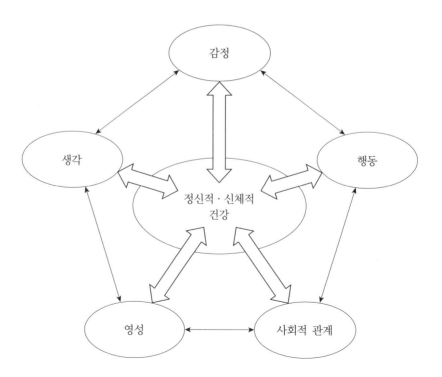

**그림 1.1** | 심신의학

이 프로그램에서 당신은 목표를 달성하고 질병에 더 잘 대처하는 것을 도울 중요한 심신 기법을 배울 것입니다. 우선 당신이 어떻게 생각하느냐가 당신이 어떻게 느끼고 무엇을 하기로 선택하느냐에 영향을 미친다는 것을 아는 것이 중요합니다. 생각과 느낌, 행동은 병과 관계없이 신체적 건강에 큰 영향을 미칠 수 있습니다. 이 프로그램 내내 당신의 행동과 생각을 바꿈으로써 신체적 느낌에 영향을 주는 방법들을 다룰 것입니다. 또 영성과 사회적 관계도 더 자세히 살펴볼 것입니다.

심신의학은 무언가를 탓하는 것이 아님을 기억하는 것이 중요합니다. 나쁜 태도 때문에 병에 걸리는 것은 아닙니다. 앞으로 배우겠지만, 태도는 중요하지만 그것이 고려해야 할 유일한 것은 아닙니다. 우리는 생물학적 존재이고 생물학적 시스템은 때로 잘못되거나 시간이 지나면 그저 못 쓰게 됩니다. 우리의 태도는 이에 대처하는 데 도움이 될 수 있지만, 태도를 병의 놀라운 원인이나 치료법으로 여겨서는 안 됩니다.

## 질병과 스트레스의 악순환

심각한 질병은 스트레스와 우울, 불안, 많은 신체적 불편을 유발할 수 있습니다. 스트레스를 받으면 몸이 더 아플 수 있고, 몸이 아프면 스트레스를 더 받을 수 있습니다. 이를 내버려두면 악순환이 됩니다. 이 프로그램은 병을 고칠 수는 없지만, 스트레스와 신체 질환의 악순환의 고리를 끊도록 도울 수 있습니다. 당신은 스트레스와 질병에 더 효과적으로 대처하는 방법을 배울 것입니다. 이에 준비하기 위해 다음 질문에 대답해보세요.

1. 당신이 받은 주된 의학적 진단은 무엇인가요?

_____

_____

2. 어떤 증상(또는 치료의 부작용)을 겪고 있습니까? (통증, 숨가쁨, 피로, 불면증, 식욕 감퇴 등)

3. 이런 증상이나 부작용이 나아질 수 있다고 생각합니까? 어떤 것이 얼마
   나 나아질 수 있다고 생각합니까?

_____

_____

4. 질병을 어떻게 치료하고 있습니까? (약물치료, 식이요법, 운동, 물리치료,
   산소요법, 화학요법 등)

_____

5. 당신의 질병을 관리하기 위해 당신이나 당신이 사랑하는 사람들은 무엇
   을 해야 합니까?

_____

_____

## 스트레스란 무엇인가

누구나 때때로 스트레스를 받습니다. 특히 몸에 질병이 있다면 스트레스를
받을 수 있습니다. 질병은 스트레스의 유일한 원인은 아닙니다. 일, 돈, 아
이들, 인간관계 등 때문에 스트레스를 받을 수도 있습니다. 스트레스를 받
게 하는 사건을 '스트레스원(스트레스 유발 요소)'이라고 합니다. 스트레스
원은 한 번만 있거나 만성적일 수 있고, 독립적이거나 '연쇄적' 사건일 수
있으며, 내적이거나 외적일 수 있고, 실제 존재하거나 상상 속의 것일 수
있으며, 과거에 있었던 일이거나 미래에 있으리라고 예상되는 일일 수도 있
습니다. 우리는 스트레스를 삶의 자연스러운 부분인 압박감이나 긴장이라
고 생각할 수 있습니다. 그러나 가끔 긴장은 특히 정신적 또는 신체적 에너
지가 떨어졌을 때에는 견디기 힘든 부담일 수 있습니다. 당신은 대처 능력
을 넘어서는 것을 요구받을 때 '스트레스'를 받게 됩니다.

## 스트레스 증상들의 범주

스트레스는 신체적, 행동적, 정서적, 인지적, 사회적 증상으로 나타날 수 있습니다. 다음은 각 범주의 예를 나열한 목록입니다.

신체적 증상 : 숨가쁨, 심장이 두근거림, 근육이 뻣뻣해지거나 긴장됨, 두통, 배탈, 이를 악물거나 주먹을 꼭 쥠, 어지러움, 떨림, 설사, 이갈이, 발한, 기절할 것 같음, 성욕 감퇴, 피곤함, 안절부절못함

행동적 증상 : 과식, 식욕 감퇴, 불면, 사고(accident)가 잦음, 술을 많이 마심, 할 일을 회피함, 수면장애, 업무를 마치는 데 문제가 있음, 가만히 못 있음, 몸이 떨림, 울음, 담배를 더 피움

정서적 증상 : 화를 잘 냄, 분노, 걱정, 집중하기 어려움, 부정적 태도, 외로움, 기분이 좋지 않거나 우울함, 긴장됨, 토라짐, 진정할 수 없음

인지적 증상 : 불안한 생각 또는 통제 불능한 생각이 끊이지 않거나 생각이 느려짐, 두려운 일을 예상, 집중력 부족, 기억이 잘 나지 않음

사회적 증상 : 사람들을 피함, 혼자 지냄, 혼자 있는 것을 싫어함, 분통을 터뜨림, 사람들에게 쉽게 짜증을 냄

그림 1.2는 다음 회기들에서 살펴볼 스트레스 경로를 보여줍니다.

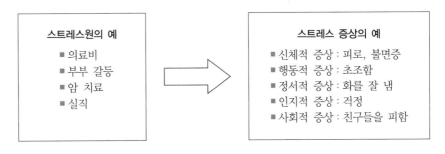

**그림 1.2** | 스트레스 경로

## 사례

토머스는 최근에 심장마비를 일으켰다. 2년 안에 벌써 두 번째 심장마비였다. (다시) 수술을 했고 (다시) 심장 재활 치료를 받았지만 몸이 예전 같지 않았다. 토머스는 심장에 영구적인 손상이 갔다는 것을 알았고 천천히 내리막길을 가기 시작했다는 것을 느꼈다. 토머스는 아내와 아이들, 손자손녀들이 걱정되었다. 의료비도 걱정스러웠다. 토머스는 모든 것이 괜찮은 것처럼 행동하고 싶었지만, 괜찮지 않다는 것을 알고 있었다. 그래서 엄청난 스트레스를 받았고 너무 무서웠다. 토머스는 낮에 잠을 많이 자고 (여러 해 전에 끊었던) 담배를 몰래 다시 피우기 시작했다. 약을 먹는 것도 더 자주 잊어버렸다. 토머스는 운동은 규칙적으로 했지만 지지 모임에 나가는 것은 빠졌고 자신의 느낌을 가족과 이야기하는 것을 피했다. 토머스는 스트레스가 계속 쌓이는 것을 느끼면서 통증을 더 많이 느끼기 시작했다. 혈압도 오르기 시작했다. 질병 때문에 스트레스를 받았지만 스트레스 때문에 병이 악화되고 있었다. 토머스는 효과적인 스트레스 관리가 절실했다.

## 스트레스 살펴보기 질문

효과적인 스트레스 관리의 첫 단계는 스트레스원을 알아내고 스트레스 증상을 평가하는 것입니다. 다음의 살펴보기 질문들을 이용해 당신의 스트레스가 그림 1.2의 항목에 어떻게 들어갈 수 있는지 생각해보세요.

1. 당신이 스트레스를 받는 주된 원인(즉 스트레스원)에는 어떤 것들이 있습니까?

   _____

   _____

2. 스트레스로 인해 어떤 영향을 받습니까? 어떤 스트레스 증상이 나타나나요?

   신체적 증상 : _____

   행동적 증상 : _____

   정서적 증상 : _____

   인지적 증상 : _____

   사회적 증상 : _____

3. 친구나 가족 등 다른 사람들은 당신이 스트레스 받았다는 것을 어떻게 아나요?

_____

_____

4. 당신의 신체 질환에서 가장 스트레스 받는 것은 무엇인가요?

_____

_____

5. 당신의 스트레스 증상을 호전시키거나 악화시키는 것은 무엇인가요?

_____

_____


## 나의 첫 면접 평가 결과와 초기 목표

당신은 이 프로그램을 시작하기 전에 아마도 첫 면접을 위해 방문할 것입니다. 이 방문의 목적은 개인적 필요, 증상, 최우선 순위의 분야들을 알아내는 것입니다. 면접 결과는 당신의 스트레스, 우울, 불안 또는 분노 수준을 포함할 수 있습니다. 또 당신의 사회적 지지와 삶의 질에 대한 대강의 '점수'도 포함돼 있을 수 있습니다. 당신은 도우미 선생님과 면접 결과에 대해 이야기를 나눌 것입니다. 이 결과와 당신이 앞에서 적은 스트레스 증상을 이용해 초기 목표를 세울 수 있습니다. 이 평가 그리고/또는 스트레스 증상 정보를 이 장 끝에 있는 "나의 프로그램 초기 목표" 양식에 기록하세요. 상황이 어떻게 변했으면 좋겠는지도 적으세요. 목표는 구체적이고 가능하면 현실적이어야 합니다. 목표의 예로 매일 밤 6~7시간 잠을 푹 자기, 하루의 평균 통증 수준을 10에서 4까지 줄이기, 사이가 멀어진 아들과 이야기하기 등을 들 수 있습니다. 목표는 아마도 프로그램을 진행하면서 발전하거나 바뀌겠지만, 처음에 세운 이 소박한 목표는 당신이 대처 과정을 시작하는 데 도움이 될 것입니다.

## 호흡 연습

이번 회기 동안 당신은 이완하기 위해 호흡법을 연습하게 됩니다. 이 연습은 어떻게 이완하는지를 배우는 아주 쉬운 방법입니다. 이완했을 때에는 긴장할 수도, 스트레스를 받을 수도 없다는 것을 기억하세요. 몸과 마음이 이완하는 데 도움이 되도록 이 호흡법을 자주 연습하세요.

이 호흡법은 횡격막호흡 또는 복식호흡을 이용합니다. 횡격막은 흉곽 아래에 있는 돔 모양의 근육으로, 숨을 깊이 쉴 때 공기로 폐를 채우도록 돕습니다. 이 연습의 목표는 공기를 최대한 폐로 들여보내기 위해 횡격막을 어떻게 이용하는지 배우는 것입니다.

먼저 최대한 등을 꼿꼿이 세우고 편안한 자세를 취하세요(예를 들면 두 발바닥이 바닥에 닿은 상태로 등받이가 딱딱한 의자에 등을 곧게 펴고 앉으세요.). 한 손을 배에 얹고 다른 손은 가슴에 얹으세요. 천천히 숨을 들이마시고 어떤 손이 움직이는지 보세요. 숨을 얕게 쉬면 가슴에 얹은 손이 움직이고, 횡격막호흡을 하면 배에 얹은 손이 움직입니다.

이제 코로 천천히 숨을 들이마시세요. 숨을 들이마시는 동안 천천히 셋까지 세면서 손을 얹은 배가 부푸는 것을 느끼세요. 숨을 1초 동안 멈추세요. 그리고 다시 셋까지 세면서 천천히 숨을 내쉬세요. 숨을 들이마실 때에는 '들이마신다'라는 단어를 생각하세요. 숨을 내쉴 때에는 '이완한다'라는 단어를 생각하세요.

*들이마신다 1 . . . 2 . . . 3 . . . 멈춘다 1 . . . 이완한다 1 . . . 2 . . . 3 . . .*

몇 분 동안 이렇게 계속 호흡하세요. 숨을 내쉴 때마다 더 이완하는 것을 느끼세요.

**나의 프로그램 초기 목표**

A. 의학적 문제

1. 당신에게 가장 힘든 의학적 증상들을 적고, 각 증상이 지금 얼마나 심한지 평가하기 위해 숫자에 동그라미를 치세요. 또한 당신이 받아들일 수 있는 증상 수준의 숫자에 동그라미를 치세요(현실적이고 소박한 목표를 세우세요.). 아래의 예를 참조하세요.

| 의학적 증상 목록 | 현재 증상의 정도 | | | | | | 내가 받아들일 수 있는 증상 수준 | | | | | |
|---|---|---|---|---|---|---|---|---|---|---|---|---|
| | 가벼움 | | | | | 심함 | 가벼움 | | | | | 심함 |
| 숨가쁨 | 1 | 2 | 3 | 4 | 5 | ⑥ | 1 | 2 | ③ | ④ | 5 | 6 |
| | 1 | 2 | 3 | 4 | 5 | 6 | 1 | 2 | 3 | 4 | 5 | 6 |
| | 1 | 2 | 3 | 4 | 5 | 6 | 1 | 2 | 3 | 4 | 5 | 6 |
| | 1 | 2 | 3 | 4 | 5 | 6 | 1 | 2 | 3 | 4 | 5 | 6 |
| | 1 | 2 | 3 | 4 | 5 | 6 | 1 | 2 | 3 | 4 | 5 | 6 |
| | 1 | 2 | 3 | 4 | 5 | 6 | 1 | 2 | 3 | 4 | 5 | 6 |

2. 당신의 증상이 어떻게 바뀌었으면 좋겠는지 구체적으로 쓰세요(예 : "대부분의 밤에 6~7시간 동안 푹 자고 싶다.").

_____

_____

_____

_____

_____

_____

_____

_____

_____

_____

## B. 심리적 문제

당신의 첫 면접 평가와 스트레스 증상 연습문제에 기초할 때, 다음의 심리적 문제들 중 어떤 부분이 나아질 수 있을까요? 가장 중요하다고 생각하는 문제들에 동그라미를 치세요. 그것을 어떻게 바꾸고 싶은지 쓰세요. 여기서는 일반적인 생각을 써도 좋습니다.

| 심리적 문제 | 어떻게 바꾸고 싶은가 |
|---|---|
| 예 : (화) | 병원에서 기다릴 때 좌절감에 대처하는 법을 배우고 싶다. |
| 스트레스 | |
| 우울 | |
| 불안 | |
| 분노 | |
| 그 외 : | |

## C. 사회적·영적 문제

1. 다루고 싶은 사회적 문제 또는 인간관계 관련 문제들을 무엇이든 적으세요. 그것이 어떻게 변하기를 바라나요?

_____

_____

2. 다루고 싶은 영적인 문제를 무엇이든 적으세요. 상황이 어떻게 변하기를 바라나요?

_____

_____

## D. 삶의 질

1. 지금 당신의 전반적인 삶의 질을 1부터 100까지의 척도를 이용해 숫자로 적으세요.

최저                              최고

1 ——————————————————————— 100

2. 당신의 삶의 질을 가장 높일 수 있는 것을 한 가지나 두 가지 적으세요.

_____

_____

## 숙제

✎ 이 장을 복습하고 질문에 대한 답을 제시된 공간에 적으세요.

✎ "나의 프로그램 초기 목표" 양식을 작성하세요.

✎ 날마다 호흡 연습을 하세요.

메모 :

_____

_____

_____

_____

# 제2회기 스트레스, 사고(생각), 그리고 평가

## 목표

- 스트레스 관리의 인지적 요소를 배우기
- 더 유익한 방식으로 생각하는 것을 시작하기
- 흔한 마음의 습관을 인식하기
- 생각 훈련을 스트레스 평가에 적용하기
- '인지(cognition)'와 '평가(appraisal)'를 포착하고 다시 생각하기

## 스트레스 관리의 인지적 요소

스트레스 관리의 인지적 요소란 당신의 생각이 당신이 어떻게 느끼고 대처하는가에 어떻게 큰 영향을 미치는가를 말합니다. 사실 당신의 느낌과 생각, 행동(대처 행동 등)은 밀접히 연관돼 있습니다(그림 2.1 참조). 이 '느낌-생각-행동 삼각형'의 각 모서리를 살펴봄으로써 당신은 어떻게 지금의 상태가 되었는지, 상황을 바꾸려면 무엇을 해야 하는지를 더 잘 이해하게 될 것입니다.

생각과 느낌에 대해 기억해야 하는 가장 중요한 것은 그것들이 사실이 아니라는 점입니다. 생각이란 그저 하나의 의견일 뿐입니다. 지금 상황을 설명하거나 이해하려고 최선의 추측을 한 것이지요. 의견은 늘 다시 평가받고

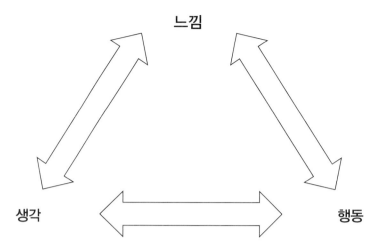

**그림 2.1** | 느낌-생각-행동 삼각형

변할 수 있어야 합니다. 느낌(또는 감정)은 당신이 무언가에 주의를 기울이고 아마도 관여해야 한다는 것을 말해주는 화학적 신호일 뿐입니다. 느낌은 주의를 끌지만 어떤 것이 옳거나 그르다는 것을 증명하지는 않습니다. 느낌은 종종 그릇된 정보에서 비롯된 잘못된 경보일 수 있습니다.

이 프로그램은 생각과 느낌을 주의 깊게 살펴보는 것을 어떻게 습관화하는지 가르쳐줄 것입니다. 위험성이 높을 때 이것은 특히 중요합니다. 먼저 당신은 인지치료의 'ABC 이론'을 배워야 합니다. *A*는 선행사건(Activating event)을, *B*는 신념(Belief)을, *C*는 정서적·행동적 결과(Consequence)를 나타냅니다(그림 2.3 참조). 당신은 가끔 '저 의사 때문에 화가 났어.'나 '이병 때문에 우울해.' 같은 생각을 할 수 있습니다. ABC 이론에 따르면 이 생각들은 A(선행사건, 즉 의사와의 약속이나 병에 걸린 것)가 C(정서적 또는 행동적 결과, 즉 분노나 우울)를 유발한다고 주장하는 것입니다. 그림 2.2를 참조하세요.

이것은 꼭 부정확한 것은 아니지만, 중요한 중간 단계인 B, 즉 어떤 사람

---

Activating Event(선행사건) → → → → Consequence(결과, 즉 행동과 감정)

---

**그림 2.2** | 흔히 하는 인식

| $\underline{\text{A}}$ctivating Event(선행사건) → $\underline{\text{B}}$elief(신념, 즉 생각) → $\underline{\text{C}}$onsequence(결과) |
| --- |

**그림 2.3** | 인지치료의 ABC 이론

이 선행사건에 대해 가진 신념과 생각을 빠뜨린 것입니다. 비슷한 사건에 대해 사람마다 다르게 반응하는 이유는 서로 다른 신념과 생각을 갖고 있기 때문입니다. 앞으로 배우겠지만, 어떤 사건에 대해 생각하는 옳은 방법이나 그른 방법은 없습니다. 하지만 어떤 사고방식은 다른 사고방식보다 더 유익하거나 해롭습니다.

## 유익한 사고

다음은 사고 유형 중 일부입니다(일부는 Muñoz et al., 1995에서 수정 인용). 이것을 읽으며 어떻게 당신의 신념을 살펴보고 더 유익하게 바꿀 수 있을지 살펴보세요.

### 유익한 사고는 균형 잡혀 있다

당신은 모든 것을 똑같이 어두운 관점에서 보고 있을 수 있습니다. 상실, 실망이나 '실패'만을 알아차리고 있는지도 모릅니다. 병이 진행되면서 당신은 신체 기능이나 외모에 되돌릴 수 없는 많은 변화를 경험할 수 있습니다. 이런 상황에서는 상실만을 보기 쉽습니다. 하지만 어떤 것이 완전히 좋거나 완전히 나쁜 경우는 아주 드뭅니다. 모든 것에는 늘 양면이 있습니다. 상황이 나빠 보인다면, 그 상황의 다른 면을 보거나 삶을 더 넓은 관점에서 보는 것이 이롭습니다. 예를 들어, 당신이 잃은 것만 생각하기보다 얻은 것도 생각할 수 있습니다. 늘 스스로에게 '이것의 다른 면은 뭐지?'라고 묻는 습관을 기르면 유익합니다.

당신은 많은 작은 긍정적인 사건이 쌓여 정말 중요한 것이 될 수 있음을 알게 될 것입니다. 균형 잡힌 사고는 세상을 장밋빛으로 보는 것이 아님을 기억하세요. 균형 잡힌 사고는 좋은 점과 나쁜 점, 격려가 되는 것과 실망스러운 것을 모두 보는 것입니다. 이것은 당신이 바꿀 수 있는 것은 바꾸고, 바꿀 수 없는 것은 받아들이고, 마침내 병이라는 경험의 긍정적인 면을 찾도록 돕습니다.

## 유익한 사고는 유연하다

상황이 절망적이고 바꿀 수 없는 것처럼 보일 수 있습니다. 당신은 '늘 ~한다.' 또는 '절대 ~하지 않는다.'와 같은 생각을 할 수 있습니다. 그러나 사실 늘 똑같은 상태인 것은 거의 없습니다. 특히 당신이 변화가 일어날 수 있는 조건을 만든다면요. 변화하고 적응하는 능력은 생존과 삶의 질에 아주 중요합니다. 당신의 관점을 바꿀 수 있는 정보에 마음을 열어두는 것은 중요합니다. 모든 것이 변할 수 있는 것은 아니지만, 삶은 예상치 못한 놀라움으로 가득하니까요.

당신의 병이 나을 수는 없다 해도 증상과 치료의 부작용을 조절하기 위해 많은 것을 할 수 있습니다. 당신은 웬만한 것은 다 해봤다고 생각할 수도 있습니다. 하지만 새로운 의견이나 더 유연한 관점은 새로운 발상과 행동으로 이끄는 경우가 많습니다. 이 프로그램도 변화하기 위한 새로운 기회입니다. 호스피스도 도움이 될 수 있습니다. 새로운 약물치료와 치료법을 이용할 수 있게 되면 그것에 대해 알아보고 싶을 수도 있습니다.

당신이 증상과 부작용을 관리하기 위해 할 수 있는 모든 것을 했다고 해도, 죽음이 다가오는 것에 대해 유연하게 생각하는 것은 여전히 가치 있습니다. 우리는 죽음을 가능하면 어떻게든 피해야만 하는 '나쁜 결과'로 생각하는 경우가 많습니다. 하지만 당신에게는 다가오는 죽음을 중요한 일을 성취하기 위한 동기로 이용할 기회가 있습니다. 당신은 이 시간을 이용해 사람들과의 갈등을 해결하고, 자신과 타인들을 용서하고, 사랑을 표현하고 지혜를 나누며, 영성을 탐구하고 재정 문제를 해결할 수 있습니다.

## 유익한 사고는 비판단적이다

우울한 사고방식을 가지면 자신을 탓하거나 자신의 성격을 비판하는 경우가 많습니다. 이런 사고방식은 실수를 그냥 실수로 보지 않고, 한 사람의 행동이 아니라 그 사람 전체를 싸잡아 비판합니다. 자신이나 다른 사람들을 이번 연습을 위해 아래의 첫 번째 세로열에 나열된 생각들을 이용하세요. 두 번째 세로열에서 각 생각을 가장 잘 묘사한 유형에 동그라미를 쳐서 이 생각들이 왜 잘못됐는지 밝혀보세요. 그리고 마지막 세로열에 원래의 해로운 생각들을 대체할 더 유익한 생각들을 새로 써보세요.

| 해로운 사고 | 어떤 유형인가요? | 새로운 유익한 생각 |
|---|---|---|
| '몸이 나아질 거라고 믿은 내가 바보 같아.' | 치우친 사고<br>경직된 사고<br>⊙판단적 사고⊙ | 희망은 친절과 연민을 보여주는 거야.<br>나빠질 수도 있지만 좋아질 수도 있어. |
| '이 통증은 절대 사라지지 않을 거야.' | 치우친 사고<br>경직된 사고<br>판단적 사고 | |
| '나쁜 일은 꼭 한꺼번에 닥친다니까.' | 치우친 사고<br>경직된 사고<br>판단적 사고 | |
| '난 사람들 앞에 나가기엔 너무 추해.' | 치우친 사고<br>경직된 사고<br>판단적 사고 | |
| '그 사람은 날 절대 이해하지 못할 거야.' | 치우친 사고<br>경직된 사고<br>판단적 사고 | |
| '난 언제나 실망할 거야.' | 치우친 사고<br>경직된 사고<br>판단적 사고 | |
| '내 삶은 망가지고 있어.' | 치우친 사고<br>경직된 사고<br>판단적 사고 | |
| '난 이 병에 걸려도 싸.' | 치우친 사고<br>경직된 사고<br>판단적 사고 | |

모욕하는 것은 거의 늘 해롭습니다. 그 사람의 성격이 아니라 행동에 대해 이야기해보세요. 완벽한 사람은 없다는 것을 기억하세요. 우리는 모두 안 좋은 날이 있고 실수를 합니다. 우리가 할 수 있는 일은 책임을 지고, (가능하다면) 실수를 바로잡고, 배우고 앞으로 나아가는 것입니다.

당신은 자신의 병에 대해 자신을 탓할 수도 있습니다. 비판단적인 사고는 당신이 한 선택(예 : 흡연)에 대한 책임을 면해주지는 않습니다. 하지만 이러한 사고방식은 당신의 선택에 영향을 미친 다른 요소들(예 : 가족 모두가 흡연자였다.)을 더 자애롭고 균형 잡힌 시각으로 보도록 합니다. 비판단적인 사고는 당신의 행동을 자아존중감과 분리해서 보도록 돕습니다(예 : 담배를 피운다고 나쁜 사람인 것은 아니다.). 우리는 모두 원래 완벽하지 않은 존재로, 때때로 나쁜 결과를 낳는 안 좋은 선택을 한다는 것을 기억하세요.

## 마음의 습관

치우치거나 경직되거나 판단적 사고 외에도, 우리는 종종 자동적으로 습관적 사고를 합니다. 이런 '마음의 습관'은 상황에 따라 유익할 수도 있고 해로울 수도 있습니다. 표 2.1을 읽으며 그중 어떤 습관에 익숙한지 살펴보세요.

## 인지 포착 연습

인지는 당신의 생각을 가리킵니다. 인지는 어떤 사건에 대한 반응으로 너무 빨리 일어나 '자동적 사고'라고 하는 생각일 수도 있습니다. 또 핵심 신념, 기억, 영상(이미지), 미래에 대한 예측 등일 수도 있습니다. 인지는 당신 자신이나 당신의 병, 인간관계, 일반적인 세상에 대한 것일 수 있습니다. 인지 재작업(reworking cognition) 능력을 키우려면 먼저 당신이 하고 있는 생각을 알아차리는 법, 즉 '포착'하는 법을 배우는 것이 중요합니다. 다음 질문들은 당신이 당신의 병과 관련된 생각을 포착하기 시작하도록 도울 것입니다. 이렇게 알아차린 생각들은 나중에 다시 살펴볼 것입니다.

**표 2.1 흔한 마음의 습관**

| | |
|---|---|
| 확대(Magnification) | 상황을 실제보다 부풀려서 봄, 침소봉대 |
| 축소(Minimization) | 상황을 무시하거나 실제보다 축소해서 봄 |
| 개인화(Personalization) | 개인적이 아닌 사건에 개인적 의미를 부여하고, 개인적 모욕을 주려는 의도가 없었는데도 자신을 모욕한 것으로 받아들임 |
| 독심술(Mind reading) | 다른 사람이 무엇을 생각하는지를 추정함 |
| 미래 예측(Fortune telling) | 가까운 또는 먼 미래에 무슨 일이 일어날지 예측함 |
| 여과하기(Filtering) | 특정 사항에만 선택적으로 주의를 기울임, 전부 부정적이거나 전부 긍정적인 사항에만 초점을 맞춤 |
| '모 아니면 도'식 사고 (All-or-none thinking) | 중간은 보지 않고 모든 것이 다 좋거나 다 나쁘게 보임 |
| 파국화(Catastrophizing) | '확대'와 비슷하게 상황이 실제보다 훨씬 더 나쁘다고 상상하고, 최악의 시나리오가 현실이 될 거라 추정함 |
| 과잉 일반화 (Overgeneralization) | 하나 또는 몇몇 경우만 보고 일반적 결론을 내림 |
| 감정적 추론 (Emotional reasoning) | 무언가에 대해 강하게 느끼면 그것이 사실이라고 생각함 |

※ Burns(1999)에서 수정 인용.

1. 당신의 병명을 들으면 어떤 생각이 떠오릅니까?

　

　

2. 당신의 치료법과 약물치료에 대해 어떤 생각을 갖고 있습니까?

　

　

3. 가족과 친구들이 당신의 병에 반응해온 방식에 대해 당신은 어떤 생각을 갖고 있습니까?

　

　

4. 이것으로 보아 당신 자신과 당신의 친구들, 가족에 대해 무엇을 알 수 있나요?

5. 당신의 대처 능력과 당신이 받을 수 있는 도움에 대해 어떤 생각을 갖고 있습니까?

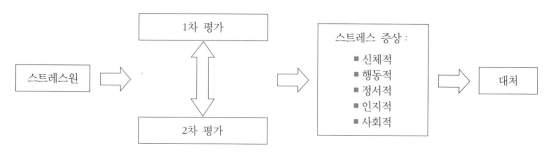

**그림 2.4** | 스트레스와 대처 경로


## 사고를 스트레스원 평가와 관련짓기

제1회기의 그림 1.2에서 스트레스원과 스트레스 증상 사이의 경로를 명확하게 보여주었던 것을 기억해보세요. 그림 2.4는 이 모델에 평가(즉, 중간 단계 또는 ABC 모델에서 *B*)를 추가합니다. 그리고 다음 단계인 '대처'를 추가합니다.

여기서 '평가'란 스트레스원과 당신의 대처 자원과 관련해서 당신이 하는 최선의 추측 또는 인지입니다. 인지로서 평가는 앞에서 논의한 모든 마음의 습관에 종속돼 있습니다. 스트레스 관리의 첫 단계는 당신이 어떤 평가를 해왔는지 알고, 이 평가들이 유익한지 또는 해로운지 살펴보는 것입니다.

당신은 두 가지 유형의 '스트레스 평가'에 주의를 기울여야 할 것입니다. 1차 평가는 스트레스원에 대한 당신의 생각입니다(예 : 이 스트레스원이 중요한가, 얼마나 심각한가, 이것이 내 삶이나 가족에게 어떤 영향을 미칠 것인가 등). 2차 평가는 당신의 대처 능력과 자원에 대해 당신이 최대한 추측한 것입니다(예 : 나는 전에 이것에 대처한 적이 있나, 내가 이것에 대처할 수 있나, 이 문제를 해결하기 위해 필요한 능력이 내게 있나, 다른 사람들이 도와줄 수 있을까, 나 또는 우리에게 이 문제를 해결하는 데 필요한 시간과 돈과 에너지가 있을까 등).

### (스트레스원에 대한) 1차 평가

다음은 (스트레스원에 대한) 1차 평가에서 흔한 사고의 덫입니다.

1. **나쁜 일(스트레스원)이 일어날 가능성을 과대평가함.** 이 상황에서는 스트레스원이 예상되지만 실제로 발생하지는 않았습니다(예 : "내 통증은 훨씬 더 심해질 거야, 난 산소 텐트에 앉아있어야 할 거야, 우리 애들은 날 절대 용서하지 않을 거야."). 어떤 걱정은 앞날의 나쁜 일에 대비하는 데 도움이 될 수도 있지만, 걱정이 그저 불필요한 고통을 더할 뿐인 시점이 옵니다. 이 덫을 피하는 방법은 어떤 일이 일어날지 더 정확하게 추측하고, 걱정이 앞날에 대비하는 데 도움이 될지를 결정하는 것 등입니다.

2. **스트레스원의 '나쁜 점'이나 부정적인 결과를 과대평가함.** 이 상황에서 당신은 스트레스원의 실제 결과 또는 발생 가능한 결과를 최악이라고 생각합니다. 당신은 그 결과가 실제보다 훨씬 더 나쁘다고 추정합니다. 예를 들어 당신은 진료를 한 번 빠진 것에 대해 엄청난 스트레스를 받고는, 의사가 자신을 진료해주지 않을 것이고 다시는 좋은 진료를 받지 못할 것이라고 두려워할 수 있습니다.

3. **스트레스원이 오래 또는 영원히 지속되리라고 과대평가함.** 만성적 스트레스원은 대개 단기적 스트레스원보다 더 많은 스트레스를 야기합니다. 정확하고 유연한 생각을 하는 것이 중요합니다. 이 핵심 기술(skill)은 상황이 절대 변하지 않으리라는 잘못된 신념을 갖지 않도록 도울 것입니다(예 : "내 구역질은 절대 낫지 않을 것 같았지만, 새 약과 식이요법의 변화로 나아졌어.").

4. **여러 나쁜 결과가 나타나는 최악의 시나리오를 생각함.** 스트레스원이 새롭고 불분명할 때 이 덫에 걸려들기 쉽습니다. 예를 들어 처음 진단을 받았을 때 당신은 온갖 끔찍한 결과가 일어나는 절망적인 앞날을 상상했을 수 있습니다. 스트레스원에 대해 더 알면 무슨 일이 언제 일어날지에 대해

더 현실적으로 예상할 수 있습니다.

다음은 1차 평가를 더 잘하기 위해 물을 중요한 질문입니다.

- 이 스트레스원은 언제 발생할 것인가?
- 이것에 대해 지금 걱정하는 것은 도움이 되나?
- 나는 전에 잘못 생각했던 적이 있었나? 전에 지나치게 걱정한 적이 있었나?
- 이 스트레스원이 발생한다면 어떤 결과가 나타날까?
- 이 스트레스원은 얼마나 지속될까?
- 나는 과거에 얼마나 정확하게 생각했나?
- 최고의 시나리오와 최악의 시나리오는 무엇일까?
- 나는 최악의 시나리오로 살 수 있을까?
- 내가 스트레스원에 대해 더 배우거나 질문에 답해줄 사람을 찾을 수 있을까?

## (대처에 대한) 2차 평가

(대처에 대한) 2차 평가에서 흔한 사고의 덫은 다음과 같습니다.

1. 스트레스원에 대처하는 데 필요한 것을 과대평가하기
2. 스트레스원에 대한 자신의 대처 능력을 과소평가하기
3. 시간, 돈, 에너지, 지식 등 중요한 대처 자원을 잊거나 과소평가하기
4. 도움을 줄 수 있고 주고 싶어 할 친구, 가족 등을 과소평가하거나 이들에게 도움을 충분히 구하지 않기

다음은 2차 평가를 더 잘하기 위해 물을 중요한 질문입니다.

- 이 스트레스원에 대처하는 데 현실적으로 필요한 자원은 무엇인가?
- 그 자원이 얼마나 필요한지 추정치를 높게 잡았을 때와 낮게 잡았을 때 각각 어느 정도인가?
- 내가 쉽게 쓸 수 있는 자원은 무엇인가?

- 나는 어떤 새로운 자원을 얻을 수 있을까?
- 과거에 나는 비슷한 스트레스원에 대처한 적이 있나? 그때 어떻게 대처 했나?
- 과거에 나는 내 대처 능력을 과소평가한 적이 있나?
- 내 사회적 지지망에는 누가 있고, 그 사람들은 어떤 도움을 줄 수 있는가?
- 내가 대처하는 데 도움을 줄 새로운 사람들을 구하거나 새로운 서비스를 받을 수 있는가? (예 : 사회복지, 교회의 도움, 호스피스, 이웃)

## 평가를 다시 생각하기

스트레스 평가는 스트레스 받는 상황에 대한 당신의 인지(1차 평가)와 당신의 대처 능력에 대한 인지(2차 평가)로서 아주 특정한 유형의 인지임을 기억하세요. 스트레스 관리의 인지적 요소는 당신이 당신의 평가를 포착하고 그 평가가 얼마나 정확하고 유익한지 다시 살펴보도록 요구합니다. 이 장 끝에 있는 "평가 작업지"는 당신이 평가를 포착하고 판단하여 다시 쓰도록 도울 것입니다. 당신은 이 양식을 책에서 복사하거나, Treatments *That Work*™ 웹사이트(www.oup.com/us/ttw)에서 여러 부를 내려받을 수 있습니다.

이 연습은 처음에는 좀 어려울 수 있다는 것을 알아두세요. 특히 연습의 마지막 단계는 어려울 수 있습니다. 하지만 프로그램을 진행하면서 더 잘하게 될 것입니다. 당신은 처음에 '인지 포착' 연습을 참고하고 싶을 수 있습니다. 그 연습에서 당신은 당신의 병을 스트레스원으로 여겼고, 병에 대한 당신의 생각은 평가였습니다. 이 과정이 어떻게 진행될 수 있는지를 보여주는 예를 들겠습니다.

### 평가 작업지의 예

첫 상황 : 마리아는 우편함으로 걸어가다가 숨이 차자 이렇게 생각했다. '아! 난 급속히 안 좋아지고 있어. 이제는 우편함까지 걸어갈 수도 없잖아. 내 폐병은 통제 불능이야. 끔찍한 일이야!'

**1단계 : 스트레스원을 알아내기**

스트레스원은 마리아가 인지한 폐병으로 인한 신체적 건강 악화와 이와 관련된 끔찍한 미래에 대한 마리아의 상상이다.

**2단계 : 평가를 포착하기**

1차 평가 : 내 폐병은 통제 불능이 되고 있어. 난 몇 달 안에 무력해져 집에만 있어야 할 거야.

2차 평가 : 난 이것에 대처하기 위해 아무것도 할 수 없어. 치료법도, 희망도 없어.

**3단계 : 평가를 판단하기**

마리아는 1차 평가와 2차 평가에 대해 스스로에게 질문(평가 작업지의 질문 목록을 참조)을 한다. 그리고 자기 생각이 맞는지 판단한다. 마리아는 자신이 최악의 경우를 상상하거나, 증상이 얼마나 심한지 또는 얼마나 나빠질지를 확대해서 보고 있음을 발견한다.

또 마리아는 대처하는 데 도움이 되도록 지금까지 쓰지 않았지만 쓸 수 있는 자원이 있는지 알아본다.

**4단계 : 평가를 다시 쓰기**

1차 평가 : 그래, 내 폐병은 고칠 수 없고 아마 진행 중일 거야. 하지만 난 전에 좋은 때도 있고 나쁜 때도 있었어. 지금도 좋은 날도 있고 나쁜 날도 있어. 지난주만 해도 난 손자와 그렇게 힘들지 않게 공놀이를 할 수 있었잖아. 난 증상을 어느 정도는 제어할 수 있어.

2차 평가 : 산소요법은 정말 도움이 돼. 하지만 좀 부끄러워서 사람들 앞에서는 산소요법을 그렇게 자주 이용하지 않았지. 난 산소요법을 더 정기적으로 이용할 수 있고, 의사 선생님에게 내 약을 다시 검토해달라고 할 수 있어. 설사 신체 기능을 더 잃더라도 가족들에게 더 도와달라고 할 수 있고 집에서 가족의 도움을 받을 수 있어. 날 사랑하는 가족이 있다는 건 축복받은 거야.

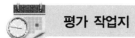 

첫 상황 또는 스트레스를 받는 계기는 무엇인가요?_____

**1단계 : 스트레스원을 밝히세요**(예 : 당신의 병, 미래에 대한 상상, 재정 문제, 인간관계 등).

_____

_____

_____

_____

_____

**2단계 : 당신의 평가를 포착하세요.**

1차 평가(스트레스원에 대한 당신의 생각) :

(도움말 : 그것은 얼마나 안 좋은가요? 그것은 얼마나 중요한가요? 최악의 시나리오는 무엇인가요? 그것은 무엇을 의미하나요?)

_____

_____

_____

_____

_____

2차 평가(대처와 대처 자원에 대한 생각) :

(도움말 : 이 스트레스원에 대처하려면 무엇이 필요한가요? 그것은 효과가 있을까요? 당신은 대처할 수 있나요? 당신은 충분한 대처 자원이 있나요? 또는 사람들의 도움을 받을 수 있나요?)

_____

_____

_____

_____

_____

_____

**3단계 : 당신의 평가를 판단하세요.**

1차 평가를 더 잘하기 위해 물을 중요한 질문 :

- 이 스트레스원은 언제 발생할 것인가?
- 이것에 대해 지금 걱정하는 것은 도움이 되나?
- 나는 전에 잘못 생각했던 적이 있었나? 전에 지나치게 걱정한 적이 있었나?
- 이 스트레스원이 발생한다면 어떤 결과가 나타날까?
- 이 스트레스원은 얼마나 지속될까?
- 나는 과거에 얼마나 정확하게 생각했나?
- 최고의 시나리오와 최악의 시나리오는 무엇일까?
- 나는 최악의 시나리오로 살 수 있을까?
- 내가 스트레스원에 대해 더 배우거나 질문에 답해줄 사람을 찾을 수 있을까?

2차 평가를 더 잘하기 위해 물을 중요한 질문 :

- 이 스트레스원에 대처하는 데 현실적으로 필요한 자원은 무엇인가?
- 그 자원이 얼마나 필요한지 추정치를 높게 잡았을 때와 낮게 잡았을 때 각각 어느 정도인가?
- 내가 쉽게 쓸 수 있는 자원은 무엇인가?
- 나는 어떤 새로운 자원을 얻을 수 있을까?
- 과거에 나는 비슷한 스트레스원에 대처한 적이 있었나? 그때 어떻게 대처했나?
- 과거에 나는 내 대처 능력을 과소평가한 적이 있었나?
- 내 사회적 지지망에는 누가 있고, 그 사람들은 어떤 도움을 줄 수 있는가?
- 내가 대처하는 데 도움을 줄 수 있는 동원 가능한 새로운 사람들 혹은 새로운 서비스들이 있는가? (예 : 사회복지 서비스, 교회의 도움, 호스피스, 이웃들)

**4단계 : (위의 판단에 기초해) 평가를 다시 쓰세요.**

나의 새로운 1차 평가 :

_____

_____

나의 새로운 2차 평가 :

_____

_____

_____

**숙제**

✎ "유익한 생각 연습"을 복습하세요.

✎ '인지 포착' 연습문제에 대한 당신의 답을 다시 읽으세요.

✎ "평가 작업지"를 작성하세요.

✎ 날마다 호흡 연습을 계속하세요(선택 사항).

메모 :

_____

_____

_____

_____

# 스트레스에 대처하기 : 문제 중심 전략과 정서 중심 전략

## 목표

- 평가를 이용해 대처하기
- 문제 중심 대처에 대해 배우기
- 정서 중심 대처에 대해 배우기
- 긍정적 자기암시를 연습하기
- 신념에 관한 논박을 시작하기

## 평가를 이용해 대처하기

이제 당신은 스트레스 과정에 대해 잘 알고 있을 것입니다. 당신은 먼저 스트레스원을 경험하고 평가를 한 뒤 스트레스 증상을 겪습니다(제2회기의 그림 2.4 참조). 이번 회기는 다음 단계, 즉 당신이 어떻게 스트레스에 대처하느냐에 초점을 맞춥니다. 여기서 대처란 당신에게 닥친 어떤 문제에든 최선의 반응을 하는 것을 뜻합니다. 성공적인 대처의 핵심은 스트레스 받는 상황에 필요한 대처 전략을 쓰는 것입니다.

대처 전략을 선택하기 전에 1차 평가와 2차 평가를 하고 그 평가를 확인하는 것이 중요합니다. 1차 평가는 스트레스원의 특성과 중요성에 대한 평가입니다. 2차 평가는 당신의 대처 능력과 자원에 대한 평가입니다. (제2회기의) "평가 작업지"는 더 정확하고 유용한 평가를 하기 위한 전략입니다. 당신의 평가를 더 낮게 다시 쓴 뒤에는 최선의 대처 전략 선택에 도움이 되도록 스트레스원을 더 다루기 쉬운 요소들로 쪼개야 합니다. 그러면 그 요소들에 우선순위를 매기고 더 쉽게 분석할 수 있습니다.

다음은 평가를 더 작은 요소들로 나누고 분석하기 위한 중요한 질문의 예입니다.

1. 스트레스를 받는 가장 중요한 상황(즉, 주된 스트레스원)이 무엇인가?

   스트레스원이 여러 개이거나 만성적일 때에는 스트레스의 주 원인을 알기 어려운 경우도 있습니다. 당신은 스트레스나 긴장 같은 신체적 감각을 알아차리지만 그 원인이 무엇인지 모를 수 있습니다. 다음은 스트레스 받는 느낌의 원인을 밝히는 데 도움이 되는 몇 가지 질문입니다.

   - 그 느낌을 받기 시작했을 때 무엇을 하고 있거나 무슨 생각을 하고 있었나요?
   - 어떤 생각이나 활동을 하면 그 느낌이 더 강해지거나 약해지나요?
   - 최근 새로운 문제가 생겼거나 만성적인 문제에 변화가 있었나요?
   - 더 나은 삶을 위해 마법처럼 당신의 삶에서 한 가지 문제를 없앨 수 있다면 무엇을 없애고 싶나요?

2. 그 상황에서 스트레스를 유발하는 요소들은 무엇이고, 그중 무엇이 가장 중요한가?

   스트레스원을 더 다루기 쉬운 부분들로 나누고 그것들에 우선순위를 매기면 도움이 됩니다. 스트레스를 유발하는 특정 요소들에는 서로 다른 대처 전략이 필요할 수 있습니다. 예를 들어, 진료일이 가까워오는 것은 심한 스트레스 반응을 일으킬 수 있습니다. 이 스트레스원의 요소들은 병원에 타고 갈 차가 없는 것, 어떻게 준비해야 할지 모르는 것, 의사의 지침을 기억하지 못할까 봐 두려운 것, 나쁜 소식을 들을까 봐 두려운 것, 진료실까지 통증을 견디며 계단을 올라가야 하는 것 등일 수 있습니다. 이 요소들 각각에는 때에 따라 아주 다른 대처 전략이 필요할 수 있습니다.

3. 이 요소들을 바꿀 수 있나, 없나?

   이 단계는 당신이 팔을 걷어붙이고 무언가를 바꾸려고 노력해야 할지(즉,

문제 중심 대처), 아니면 상황을 받아들이고 기분을 조절해야 할지(정서 중심 대처) 결정하도록 돕습니다. 당신이 무언가를 통제할 수 없다면, 억지로 변화를 위해 애쓰는 것은 이롭지 않을 가능성이 많습니다. 대신에 당신은 정서 중심 대처법을 이용해야 합니다. 대부분의 상황에서는 문제 중심 대처와 정서 중심 대처가 모두 필요하지만, 어느 대처법이 더 많이 필요한지는 때에 따라 다릅니다.

4. 이 상황은 단기적일까, 만성적이 될까?

만성적인 상황은 대개 변하기 더 어렵고 정서 중심 대처가 더 많이 필요합니다. 단기적인 스트레스원은 낯설 수 있고 특별한 대처가 필요할 수 있습니다. 그 상황이 얼마나 지속될지 생각해보면 더 현실적인 추측을 할 수 있습니다.

5. 나는 지금 무엇을 할 수 있을까? 나중에는 무엇을 할 수 있을까? 우리 가족과 친구들은 무엇을 도와줄 수 있을까?

스트레스원의 요소들을 밝혀내고 그것들의 우선순위를 정한 다음에는 당신의 대처 능력과 당신이 쓸 수 있는 대처 자원에 대한 2차 평가를 다시 살펴봐야 합니다. 스트레스원을 더 다루기 쉬운 부분들로 나눠 살펴봄으로써 당신은 더 많은 대처 기회나 다른 사람들이 도와줄 수 있는 방법을 발견할 수 있습니다.

예

다음의 예는 평가하기 위해 질문하는 과정을 보여줍니다.

제인은 건강에 대해 극심한 스트레스를 받고 있다. 제인은 엄청나게 많은 약을 먹고 여러 의사에게 진료를 받고 있지만, 여전히 기력이 너무 없고 통증이 있다.

1. 스트레스를 받는 상황이 무엇인가?

제인의 건강이 지속적으로 나쁜 것

2. 그 상황에서 스트레스를 유발하는 요소들은 무엇인가? 그중 무엇이 제인에게 가장 중요한가? ('누가, 무엇을, 어디서, 언제'를 묻기)

제인은 날마다 복잡한 약을 많이 먹어야 하는데 약물 부작용이 있다.

제인은 매주 여러 의사에게 진료를 받는다.

제인은 특히 저녁 때 기력이 없다.

제인은 지속적으로 심한 통증이 있는데, 특히 똑바로 앉거나 너무 오래 서있을 때 아프다.

제인은 앞날이 불확실하여 무력해질까 봐 그리고 (가장 중요한 것은) 더 많이 아플까 봐 무섭다.

3. 스트레스를 유발하는 이 요소들을 바꿀 수 있나, 없나?

요소 1. 약물치료 : 제인은 약을 먹어야 한다는 사실을 바꿀 수 없고, 약 먹는 순서와 방법이 복잡한 경우가 많다. 어느 정도의 번거로움은 피할 수 없는 것 같다. 그러나 제인은 약 복용을 기억하기 위해 쓰는 방법을 바꿀 수 있고, 약 처방을 바꾸는 것에 대해 의사와 이야기할 수 있다. 제인은 약 복용에 대해 바꿀 수 있는 것을 해결한 뒤, 자신의 느낌을 다뤄야 한다.

4. 이 상황은 단기적일까, 만성적이 될까?

제인은 병을 고칠 수 없기 때문에 약을 계속 먹어야 할 것 같다. 약 복용은 만성적인 상황이 될 것이다. 제인은 약 먹는 방식을 단순화할 수는 있지만, 계속 약이 필요하다는 것을 받아들여야 할 것이다.

5. 제인은 지금 무엇을 할 수 있을까? 나중에는 무엇을 할 수 있을까? 제인의 가족과 친구들은 무엇을 도와줄 수 있을까?

제인은 약 처방을 다시 해줄 수 있는지 의사(들)에게 물어볼 수 있다. 그리고 약 복용을 줄이거나 한꺼번에 먹도록 뚜렷한 목표를 세울 수 있다. 약 상자를 대신 채워주는 약국을 찾아볼 수도 있다. 약 복용에 대해 남편에게 도와달라고 할 수도 있다. 또 체계적으로 약을 잘 먹는 것 같은 당뇨병에 걸린 친구와 이야기를 할 수도 있다.

## 대처 연습

앞의 예에서는 제인의 문제에서 약물치료에 대한 요소만을 살펴보았습니다. 제인의 스트레스를 유발하는 다른 요소들에 대해 여러분 스스로 답을 써보세요.

요소 2. 잦은 진료

이것은 변할 수 있나, 아니면 만성적인가? 제인이나 다른 사람들은 이것에 대해 무엇을 할 수 있는가?

_____

_____

요소 3. 기력 없음

이것은 변할 수 있나, 아니면 만성적인가? 제인이나 다른 사람들은 이것에 대해 무엇을 할 수 있는가?

_____

_____

요소 4. 신체적 통증

이것은 변할 수 있나, 아니면 만성적인가? 제인이나 다른 사람들은 이것에 대해 무엇을 할 수 있는가?

_____

_____

요소 5. 앞날에 대한 두려움

이것은 변할 수 있나, 아니면 만성적인가? 제인이나 다른 사람들은 이것에 대해 무엇을 할 수 있는가?

_____

_____

제인의 평가가 정확하고 유익하다고 가정하고 대처 전략을 선택한다는 것을 기억하세요.

**평가를 이용해 대처하기의 요약**

이번 회기와 제2회기의 자료를 종합하면, 평가와 대처 단계를 다음과 같이 요약할 수 있습니다.

1. 스트레스를 받는 상황을 알아낸다.
2. 1차 평가를 쓰고 판단하고 다시 쓴다.
3. 2차 평가를 쓰고 판단하고 다시 쓴다.
4. 스트레스원을 더 작고 다루기 쉬운 조각들(스트레스를 유발하는 요소들)

로 나눠 그것들에 우선순위를 매긴다.

5. 이 요소들이 변할 수 있는지 살펴본다.

6. 변할 수 있는 요소에는 문제 중심 대처 전략을 쓰고, 변할 수 없는 요소에는 정서 중심 대처 전략을 쓴다(다음 절 참조).

## 문제 중심 대처

문제 중심 대처는 변할 수 있는 상황(또는 스트레스원)의 측면들을 개선하려고 노력하는 것입니다. 심각한 질병의 흔한 증상 중 많은 증상(예 : 불면증, 통증, 숨가쁨, 우울)은 100% 없앨 수는 없을지도 모르지만 변할 수 있습니다. 많은 스트레스원은 부분적으로 변할 수 있으므로, 당신은 어떤 요소를 바꾸려고 노력해야 할지 결정해야 할 것입니다. 또 받아들임과 정서 중심 대처로 옮겨가기 전에 얼마나 많이 시도해야 할지 결정해야 할 것입니다.

문제 중심 대처에서는 종종 체계화된 문제 해결 접근법을 쓸 수 있습니다. 다음 단계를 되풀이해 쓸 수 있습니다.

1. 올바른 태도 갖기
2. 문제를 알아내고 목표를 세우기
3. 선택 목록을 작성하기
4. 선택안 고르기
5. 선택안을 실행하고 진전을 확인하기

스트레스원의 작은 부분 한 가지에 초점을 맞춰 소박한 목표를 세우고, 각 문제 해결 단계를 한 번에 하나씩 해나가는 것을 기억하세요. 그러면 어떤 어려움과 더 큰 문제가 닥치더라도 더 잘 대처할 수 있을 것입니다. 변할 수 있는 문제에만 이 단계들을 적용하세요. 당신은 현실적으로 바꿀 수 있는 것만을 바꾸려고 노력함으로써 귀중한 시간과 노력을 많이 절약할 수 있을 것입니다. 바꿀 수 없는 문제에 대한 전략은 다음 부분에서 다룹니다.

문제 해결을 시작하기 전에 각 단계에 대한 자세한 설명을 끝까지 읽으세요. 전 과정을 이해하고 나면 각 단계에 대한 작업지를 작성하세요. 당신은 이 책에 있는 작업지 양식을 복사하거나, Treatments *That Work*™ 웹사이트 (www.oup.com/us/ttw)에서 양식 여러 부를 내려받을 수 있습니다.

## 1단계 : 올바른 태도 갖기

문제를 해결하기 위한 첫 단계는 그 문제를 인식하고 당신이 그것에 대해 무언가를 할 수 있다고 믿는 것입니다. 당신은 문제에 부딪치면 그것을 알 것입니다. 스트레스나 분노, 우울, 불안, 혼란을 통해 몸이 말해줄 것이기 때문입니다. 이 느낌을 다른 신체 감각들처럼 당신이 문제에 부딪쳤다는 신호로 여기세요. 당신이 어떤 감정을 느끼고 있음을 알아차리면, 멈추고 머릿속에서 무슨 일이 일어나고 있는지 생각하세요. 방금 무엇을 하고 있었나요? 무슨 생각을 하고 있었나요?

당신이 문제를 해결할 수 있다고 믿는 것이 중요합니다. 우울할 때면 흔히 희망이 없어 보입니다. 문제의 해결책이 없는 것처럼 보이죠. 이렇게 느끼고 생각하면 문제를 해결하고 싶은 마음이 덜 들 것입니다. '그래–하지만' 기법을 써서 더 문제 중심적인 생각을 하세요. "올바른 태도 갖기 작업지"를 이용해 연습하세요.

### 예 1

도움 되지 않는 태도 : 희망이 없어. 난 내 병을 이해하는 의사를 절대 찾지 못할 거야.

그래–하지만 기법 : **그래,** 좋은 의사를 찾는 건 어려워. **하지만** 이 분야에는 수백 명의 의사가 있고, 난 가족이나 친구들에게 조언을 구할 수 있어. 노력해보기 전엔 모르는 거야.

### 예 2

도움 되지 않는 태도 : 난 진료 시간에 의사가 말해준 것을 절대 기억할 수가 없어. 난 의사가 하라는 것을 할 수 없을 거야.

그래–하지만 기법 : **그래,** 난 의사의 말을 기억하기가 어려워. **하지만** 난 의사에게 무엇을 해야 할지를 써달라고 부탁하거나, 녹음기를 가져가거나, 친구에게 진료에 같이 가달라고 부탁할 수 있어.

## 2단계 : 문제를 알아내고 목표를 세우기

올바른 태도를 갖고 나면 문제를 알아내고 목표를 세웁니다. 문제(또는 스트레스원)가 무엇인지 알면 반은 해결한 것입니다. 무엇이 스트레스를 유발하는지, 무엇이 목표 달성에 방해가 되는지 정확히 알아내는 것은 중요합니다. 그러면 문제를 다루고 도움이 되는 해결책을 찾는 것이 훨씬 더 쉬울 것입니다.

### 무엇이 문제인가요?

처음 할 일은 문제나 스트레스 받는 상황의 모든 요소를 밝히는 것입니다. 가장 좋은 방법은 훌륭한 취재기자처럼 행동하는 것입니다. 기자는 상황의 사실만 알아내서 '누가, 무엇을, 어디서, 언제, 어떻게'라는 질문에 답하도록 배웁니다. 문제를 정의할 때에는 구체적인 말을 쓰는 것이 중요합니다. 모호한 표현이나 해석, 판단을 하지 않도록 하세요. "문제 정의하기 작업지"를 이용해 연습하세요. 그 작업지의 질문들은 당신이 문제에 대한 사실들을 밝히는 데 도움이 됩니다. 더 많은 사실을 알아낸 뒤, 문제의 구체적인 요소들을 포함해 문제를 다시 정의하세요. 도우미 선생님은 당신이 핵심적인 예 몇 개를 알아내 이 작업을 시작하도록 도와줄 것입니다.

### 당신의 목표는 무엇인가요?

문제가 무엇인지 알아낸 뒤, 다음 단계는 목표를 정하는 것입니다. 목표란 당신이 그 문제를 다루면서 일어나기를 바라는 결과입니다. 목표는 특정하고 구체적이어야 합니다. 목표를 정할 때 또 하나 중요한 점은 현실적이어야 한다는 것입니다. 실망하지 않도록 당신이 이룰 수 있는 목표를 세워야 합니다. 높은 목표를 세우는 것은 괜찮지만, 그 목표를 이루기 위한 현실적인 방법을 생각하세요.

### 목표 달성의 장애물은 무엇인가요?

목표를 세운 뒤 다음 단계는 장애물이 무엇인지 밝히는 것입니다. 여기서 장애물이란 당신의 목표 달성을 더 어렵게 할 수 있는 사람, 장소, 느낌 등입니다. 장애물을 아는 것은 중요합니다. 해결책은 대개 장애물을 어떻게 극복하느냐에 기초할 것이기 때문입니다. 당신이 스트레스원에 대처하려고 할 때 무슨 일이 일어나는지 생각하세요. 불안해지나요? 누군가가 당신이 목표를 이루는 것을 방해하나요? 목표가 너무 비현실적인가요?

"목표 설정과 장애물 찾기 작업지"를 보세요. 한 가지 문제에 대해 여러 목표와 장애물이 있을 수도 있습니다. 소박한 목표를 세우세요. 목표를 쉽게 이룬다면 언제나 새 목표를 세울 수 있습니다.

## 3단계 : 선택 목록을 작성하기

문제와 목표, 장애물을 안 뒤에는 문제 해결 방안을 찾아야 합니다. 당신이 우울하거나 두렵거나 아플 때에는 문제 해결 방안을 찾기가 매우 힘듭니다. 당신은 치우치고 경직되고 판단적인 사고를 할 수 있습니다. 과거의 실패에만 신경 쓰거나 안 좋은 일이 일어나리라 예측하는 것 같은 무익한 '마음의 습관'이 있을지도 모릅니다. 당신은 해결 방안을 제대로 고려하기도 전에 판단해버릴지도 모릅니다. 이 문제 해결 단계에서는 어떤 해결책도, 아무리 바보 같아 보이는 해결책이라도 버려서는 안 됩니다. 여기서 목표는 해결책을 최대한 많이, 최소 10개 이상 찾는 것입니다. "선택 목록을 작성하기 작업지"를 이용해 연습하세요. 선택할 수 있는 안의 목록을 작성하려면, 목표를 살펴보고 당신의 대처 자원에 대해 생각하세요. 아이디어를 자유롭게 떠올리기 시작하고 생각나는 것을 무엇이든 쓰세요.

## 4단계 : 선택안 고르기

해결책 목록을 작성하고 나면 그중 무엇을 처음으로 이용할지 결정하세요. 당신이 고른 안이 효과가 없을 때를 대비해 어떤 해결책도 완전히 버려서는 안 됩니다. 설령 선택한 안이 실패한다 해도 당신은 무언가 중요한 것(예 : 무엇을 하지 말아야 할 것인가)을 배웠을 수 있습니다. 당신은 실망하거나 심지어 절망할 수 있지만, 모든 선택안을 시도해보기 전에는 해결책이 없다고 확신할 수 없습니다. 당신은 다음 질문에 답함으로써 첫 번째 해결책을 고를 수 있습니다.

1. 이 해결책은 내 단기 목표를 충족시키는가?

2. 이 해결책은 내 장기 목표를 충족시키는가?

3. 이 해결책은 내게 어떤 영향을 미치나? 이것은 내게 도움이 되나, 아니면 새로운 문제를 만들어내나?

4. 이 해결책은 다른 사람들에게 어떤 영향을 미치나? 이것은 사람들에게 도움이 되나, 아니면 새로운 문제를 만들어내나?

5. 내가 이 해결책을 실행할 수 있는 가능성은 얼마나 되나?

6. 이 해결책의 성공 가능성은 얼마나 되나?

당신은 각 해결책에 대해 이 질문들에 답한 뒤, 장점이 단점보다 가장 많은 해결책을 골라야 합니다. "선택안 고르기 작업지"를 이용해 연습하세요. 맨 왼쪽에 가장 실현 가능성이 높은 해결책 5개를 적으세요. 그다음 각 해결책을 각 항목마다 +1, 0이나 −1로 평가하세요. +1점을 매긴다면 그 해결책이 그 항목을 잘 수행하거나, 자신이나 타인들에게 긍정적 영향을 미침을 뜻합니다. 0은 그 해결책의 영향이 아주 적거나 없을 수 있음을 뜻합니다. −1은 그 해결책이 부정적 영향을 미치거나, 목표 달성에 전혀 도움이 되지 않음을 뜻합니다. 사실 그것은 당신을 목표에서 더욱 멀어지게 할 수 있습니다. 각 해결책의 점수를 모두 더해 합계를 맨 오른쪽에 적으세요. 점수가 가장 높은 해결책(들)이 당신에게 최선의 선택일 것입니다. 결국 한 가지 문제의 모든 측면을 다루기 위해 동시에 여러 해결책이 필요할 수도 있습니다. 또는 상황에 대해 더 많이 알수록 당신은 처음에 작성한 선택 목록을 다시 보고 새로운 방안을 추가하고 싶을 수 있습니다.

## 5단계 : 선택안을 실행하고 진전을 확인하기

이제 당신은 해결책에 대한 계획이 있으니 실행해야 합니다. 시도해봐야만 효과를 평가할 수 있습니다. 먼저 계획을 실행할 날짜와 시간을 정하세요. 필요한 사람이나 자원을 구해 실행해야 합니다.

해결책을 실행한 뒤에는 그 결과를 평가해야 합니다. 그 해결책이 왜 효과가 있었는지 또는 없었는지 평가해야 합니다. 다음 질문에 답하는 것이 중요합니다.

1. 결과가 어땠는가?

2. 내가 예상한 것보다 결과가 더 나았나, 비슷했나, 더 나빴나?

3. 이 해결책을 다시 이용할 것인가?

4. 나는 무엇을 다르게 할 것인가? 이것은 내 문제에 대해 무엇을 말해주나?

5. 나는 문제를 다시 정의하는 데 유용한 정보를 더 모았나?

6. 이제 나는 다른 문제로 넘어갈 수 있나?

스트레스를 받는 중대한 상황에서는 작은 것을 바꾸려고 행동하는 것으로도 기분이 달라질 수 있음을 기억하세요. 영원히 바뀌지 않는 상황은 없습니다. "실행과 평가 작업지"를 이용해 연습하세요. 당신이 실행하는 해결책은 '선택안 고르기'를 연습한 후에 고른 해결책입니다. 이 단계는 당신이 해결책을 어떻게 실행하기 시작할지를 생각하고, 그것이 어떤 효과가 있는지 확인하는 데 도움이 됩니다. 실행 계획을 세우려면 먼저 어떤 준비가 필요한지 생각해야 합니다. 예를 들어 메스꺼움(문제)에 대한 당신의 해결책이 새 약을 먹는 것이라면, 당신은 그 해결책을 실행하기 전에 의사에게 전화해 약을 구할 수 있도록 준비해야 할 것입니다. 평가 부분에서는 당신의 초기 목표를 다시 살펴보고, 당신이 실행한 해결책이 그 목표를 이루는 데 도움이 됐는지 평가해야 합니다.

## 정서 중심 대처

우리 모두는 스트레스를 받는 거의 모든 상황에 우리가 바꿀 수 없는 요소가 있음을 인정해야 합니다. 바꿀 수 있는 것을 바꾸려고 노력하는 것은 중요합니다. 하지만 바꿀 수 없는 것에 대한 당신의 느낌에 대처하는 것도 중요합니다. 예를 들면 당신은 병에 대한 진단을 바꿀 수는 없지만, 그것에 대한 느낌은 바꿀 수 있습니다.

### 정서 중심 대처 전략

당신은 어떤 것은 바꿀 수 없지만 그것에 대해 기분이 나아질 수는 있습니다. 기분이 나아지면 당신의 생각과 행동도 더 유익하게 바뀔 수 있습니다 (느낌-생각-행동 삼각형을 기억해보세요.). 다음은 정서 중심 대처 전략의 예입니다.

- 사회적 지지 구하기
- 전화 통화하기
- 외식
- 독서
- 텔레비전 보기
- 인터넷 이용
- 운동
- 긍정적인 것에 초점을 맞추기
- 감사 일기 쓰기
- 음악 듣기
- 유머(영화, 만화, 책, 웃기)
- 약물치료
- 애완동물
- 쇼핑
- 자원봉사
- 휴식
- 예술 작업
- 이야기 쓰기
- 기도하기

우울, 불안, 분노에 대한 이후의 회기들에서는 기분 조절 전략들을 더 다룰 것인데, 그중 많은 전략은 정서 중심 대처입니다. 위의 목록에 추가하고 싶은 전략을 생각해보고 아래에 쓰세요. 이 전략들은 문제를 해결하지는 않겠지만 기분이 나아지는 데 도움이 될 것입니다.

_____  _____

_____  _____

_____  _____

### 정서 중심 대처의 단계들

정서 중심 대처의 단계들은 문제 중심 대처의 단계들과 비슷합니다.

1. 올바른 태도 갖기("나는 내 기분에 영향을 미칠 수 있어.")
2. 문제를 알아내고 목표(기분이 나아지거나 즐기거나 문제를 잊기)를 세우기
3. (앞의 전략 목록 같은) 선택 목록을 작성하기
4. 선택안 고르기
5. 선택안을 실행하고 진전(즉, 당신의 기분에 대한 영향)을 확인하기

## 긍정적 자기암시 연습

기분에 영향을 미치는 강력한 방법은 날마다 긍정적 자기암시를 하는 것입니다. 긍정적 자기암시는 자신이나 주변 환경에 대해 짧고 긍정적인 말을 하는 것으로, 영감이나 위안이 되거나 사고를 자극합니다. 우선 다음 내용을 써보세요.

내가 자랑스러워하는 것

1. _____
2. _____
3. _____
4. _____

웃음이 나는 기억

1. _____
2. _____
3. _____
4. _____

나 자신에 대해 좋아하는 점

1. _____

2. _____

3. _____

4. _____

병과 관계없이 내가 여전히 갖고 있는 '장점'

1. _____

2. _____

3. _____

4. _____


긍정적 자기암시가 기분에 계속 긍정적인 영향을 미치려면, 정기적으로 반복하거나 다시 적어야 합니다. 어떤 이들은 이런 긍정적인 말을 하루에 한번 이상 '음미'해야 효과가 있다고 합니다. 다음은 영감을 주는 긍정 관련 책들입니다(더 많은 정보는 부록을 참조).

사랑 + 의술 = 기적, Bernie Siegel 저

마음을 치유하는 79가지 지혜, Rachel Remen 저

영혼을 위한 닭고기 수프, Jack Canfield · Mark Victor Hansen 저


## ABCD 연습

또 하나의 아주 유용한 정서 중심 대처법은 인지적 재구성입니다. 인지적 재구성이 상황을 바꾸지는 않겠지만, 당신이 생각하는 방식을 바꾸면 당신의 느낌이 바뀔 것입니다. ABCD 연습에서는 인지치료의 ABC 모델에다 D (Dispute, 논박) 단계만 추가합니다. ABC 연습은 당신이 왜 이렇게 느끼는지 또는 왜 이런 행동을 하는지 이해하도록 돕습니다. ABCD 연습을 통해 당신은 신념에 도전할 수 있고, 감정이나 행동 같은 결과를 바꿀 수 있습니다. 그림 3.1은 이 과정을 보여줍니다.

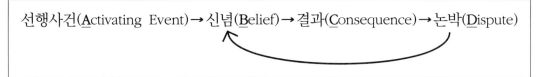

**그림 3.1** | ABCD 모델

이 장 끝에 있는 "ABCD 양식"을 이용해 신념을 논박하는 것을 연습하세요. 당신은 이 책에 있는 양식을 복사하거나, Treatments *ThatWork*™ 웹사이트(www.oup.com/us/ttw)에서 양식 여러 부를 내려받을 수 있습니다.

그림 3.2는 양식을 다 작성한 예이니 참조하세요. 신념을 논박하는 것은 어려울 수 있지만, 균형, 유연성, 판단 등 마음의 습관과 관련해 제2회기에서 배운 것을 이용하셔야 합니다. 평가를 다시 쓰기("평가작업지" 4단계)에서 배운 방법을 적용할 수도 있습니다. '그래-하지만' 기법을 쓰거나, 다음 전략 중 일부를 이용할 수도 있습니다.

- 이 상황의 다른 측면은 무엇인가요? 중간 입장이 있나요?
- 당신의 가장 친한 친구가 이 생각을 했다면, 당신은 친구를 돕기 위해 무슨 말을 하겠습니까?
- 이 생각을 뒷받침하는 증거는 무엇인가요? 이 생각을 반박하는 증거가 있나요?
- 이 의견에 대해 어떻게 생각하는지 다른 사람들에게 물어보세요. 사람들이 당신과 똑같이 생각하나요?
- 성격이 아니라 행동에 대해 이야기하세요.
- 사람들의 말에서 진실을 찾고 그것에서 배우세요. 이 상황을 해결하기 위해 당신은 무엇을 할 수 있나요?

신념을 논박한 뒤, 다음 단계는 그 신념이 당신의 기분에 미치는 영향을 평가하는 것입니다. 당신의 기분이 나아지는 정도는 정서 중심 대처 전략으로써 ABCD 연습의 효과를 보여줍니다.

먼저 A칸을 작성한 뒤 B, C, D칸을 작성하세요.

| A(선행사건, Activating event)(여기부터 작성하세요.)<br><br>도우미 선생님이 내게 ABCD 연습지를 작성하라고 하셨다. | C(결과, Consequence)<br><br>1. 슬프고 불안하다.<br>2. 자신이 없고 학창 시절의 안 좋은 기억이 떠오르기 시작한다.<br>3. 숙제를 하는 걸 미루게 된다. |
| --- | --- |
| B(신념, Belief)<br><br>1. 이건 너무 어려워. 난 절대 이걸 제대로 할 수 없을 거야.<br>2. 배우고 기억해야 할 게 너무 많아.<br>3. 이걸 누구한테 보여주는 게 부끄러워. 잘못하면 어떡하지?<br>4. 난 학교 공부를 잘한 적이 없어. | D(논박, Dispute)<br><br>1. 난 이걸 처음 해보는 거야. 원래 새로운 걸 할 때가 가장 힘든 법이야.<br>2. 도우미 선생님은 다들 이 연습을 어려워한다고 이야기하셨어. 선생님은 이걸 제대로 하려면 연습이 필요하다는 걸 알고 계셔.<br>3. 난 할 수 있는 만큼만 하면 돼. 노력이 가장 중요한 거야. 난 계속 노력할 수 있어. |

**그림 3.2** | ABCD 양식 작성의 예

# 숙제

✎ "대처 연습"을 작성하세요.

✎ "올바른 태도 갖기 작업지"를 작성하세요.

✎ "문제 정의하기 작업지"를 작성하세요.

✎ "목표 설정과 장애물 찾기 작업지"를 작성하세요.

✎ "선택 목록을 작성하기 작업지"를 작성하세요.

✎ "선택안 고르기 작업지"를 작성하세요.

✎ "실행과 평가 작업지"를 작성하세요.

✎ 날마다 긍정적 자기 암시를 연습하세요.

✎ "ABCD 양식"을 한 장 이상 작성하세요.


메모 :

_____

_____

_____

_____

**올바른 태도 갖기 작업지**

1. 스트레스 받고 있는 것을 알았을 때 어떤 상황이었고 어떤 감각이나 느낌이 들었는지 쓰세요.

_____

_____

_____

_____

_____

_____

2. 이 상황이나 문제에 대해 어떤 생각이 드는지 모두 쓰세요.

_____

_____

_____

_____

_____

_____

3. '그래-하지만 기법' 등을 써서 낙담시키는 생각에 대한 반대 의견을 쓰세요. 이 문제를 해결하는 데 어떤 태도가 가장 이로울지 생각하세요. 당신 스스로 '지지자'가 되어도 좋습니다.

_____

_____

_____

_____

_____

_____

1. 주의를 끌었던 전반적인 문제를 적으세요.

_____

_____

_____

_____

_____

_____

2. 정확히 무슨 일이 일어났는지 쓰세요(사건의 계기나 그 외 상황을 알면 문제가 무엇인지 아는 데 도움이 될 수 있습니다.).

누가 관여돼 있었나요?_____

무슨 일이 일어났나요?_____

당신은 무엇을 하고 있었나요?_____

당신은 어디에 있었나요?_____

그 일은 언제 일어났나요?_____

어떻게 그 일이 일어났나요?_____

'탐정'과 같은 방법을 쓰세요. 추정을 하지 말고 대신 사실을 알아내세요. 이 질문들에 답할 수 없다면 당신 스스로 취재기자가 되세요!

3. 사실들을 살펴본 뒤 문제를 다시 정의하세요. 문제에 여러 요소가 있다면 각 요소를 모두 적으세요. 각 요소마다 각각의 해결책 목록이 필요할 수도 있습니다.

_____

_____

_____

_____

_____

_____

1. 당신이 정의한 문제 요소는 무엇인가요?

_____

_____

_____

_____

2. 단기적으로 무엇을 바꾸고 싶나요?

_____

_____

_____

_____

3. 장기적으로 무엇을 바꾸고 싶나요?

_____

_____

_____

_____

4. 어떤 결과가 나오면 이 문제를 다루는 데 성공했다고 믿겠습니까?

_____

_____

_____

_____

5. 목표 달성에 장애물이 되는 것은 무엇인가요? 무엇이 방해가 될 수 있나요?

_____

_____

_____

_____

## 선택 목록을 작성하기 작업지

내가 정의한 문제 : _____

이 문제에 대한 해결책을 10개 쓰세요. **판단하지 말고, 떠오르는 것을 그냥 쓰세요!**

1. _____
   _____

2. _____
   _____

3. _____
   _____

4. _____
   _____

5. _____
   _____

6. _____
   _____

7. _____
   _____

8. _____
   _____

9. _____
   _____

10. _____
    _____

# 선택안 고르기 작업지

1. 첫 번째 세로열에 가장 실현 가능성이 높은 해결책 5개를 쓰세요.

2. 중간 세로열에는 각 항목에 대해 각 해결책에 +1, 0, 또는 −1로 점수를 매기세요.

3. 마지막 세로열에는 각 해결책의 점수를 모두 더한 합계를 쓰세요. 숫자가 가장 큰 것이 가장 좋은 해결책입니다.

| 해결책 | 단기 목표를 충족시킴 | 장기 목표를 충족시킴 | 자신에 대한 영향 | 타인들에 대한 영향 | 성공 가능성 | 합계 |
|---|---|---|---|---|---|---|
| 1. | | | | | | |
| 2. | | | | | | |
| 3. | | | | | | |
| 4. | | | | | | |
| 5. | | | | | | |

내가 정의한 문제 : _____

실행할 해결책 : _____

1. 실행 계획 : _____

   _____

   _____

   준비해야 할 것 : _____

   _____

   _____

   실행할 날짜 : _____

2. 평가

   a. 해결책이 효과가 있었다면 :

      얼마나 효과가 있었나요? _____

      _____

      왜 효과가 있었나요? _____

      _____

      당신은 효과를 높이기 위해 무엇을 다르게 할 수 있나요?

      _____

   b. 해결책이 효과가 없었다면 :

      왜 효과가 없었나요? _____

      _____

      부정적인 영향이 있었나요? _____

      _____

      당신은 무엇을 다르게 할 수 있나요?

      _____

먼저 *A*칸을 작성한 뒤 *B, C, D*칸을 작성하세요.

| *A*(선행사건)(여기부터 작성하세요.) | *C*(결과) |
|---|---|
| | |
| *B*(신념) | *D*(논박) |
| | |

## 제2부

# 기분 조절

질병과 기분 : 우울

## 목표

- 우울에 대해 알기
- 우울증 치료가 필요할 경우, 바로 치료를 시작하기
- 활동 관찰하기
- 즐거운 활동 계획하기

### 사례 : 1부

바바라는 양측 고관절과 슬관절의 심한 관절염에 시달리고 있었고 최근 들어 그 통증은 등 쪽으로 옮겨갔다. 그녀는 심장질환을 포함하여 많은 질병들을 가지고 있었고 2~3년 전에 적어도 한 번쯤 경미한 뇌졸중을 경험했었다. 그녀는 농담 삼아 이렇게 말하곤 한다. "이 오래된 몸뚱이들은 이제 유효기간이 지났어." 그녀의 딸(유일한 친구)이 이사를 가기 한 달 전까지만 해도 그녀는 꽤 잘 지내고 있었다. 그러나 그녀는 홀로 슬픔에 잠긴 채 잠도 잘 자지 못하고 몸무게는 15파운드나 늘면서 평소와 다르게 힘이 없음을 알게 되었다. 그녀는 자주 무언가를 잊어버렸고 점점 예민하고 신경이 곤두섬을 느꼈다. 또한 참을성이 점점 없어지고 스스로에게 매우 가혹해졌다. 최악의 순간 그녀는 때때로 '이대로 잠들어 깨지 않으면 좋으련만.' 하고 생각했다. 바바라는 임상적으로 우울증에 해당하는 상태였다.

# 우울의 정의

아프거나 스트레스를 받는다는 것은 당신의 기분에 매우 나쁜 영향을 줄 수 있습니다. 당신의 감정적 기분은 육체적 상태에 따라 상당한 영향을 받습니다. 결과적으로 당신은 신체적 질환뿐 아니라 두렵고 우울한 감정도 대처해야 하는 것입니다. 그러나 두려움과 우울한 느낌들을 효과적으로 관리할 수 있는 방법들이 있으며, 이러한 방법들을 이 회기에서 다루게 될 것입니다.

우울이란 용어는 다음과 관련이 있습니다.

- 단순한 감정
- 오래 지속되는 기분
- 만성질환

우울에 대한 이 모든 상태들은 당신의 신체에 영향을 미치고, 당신의 사고방식, 그리고 잠재적으로는 당신의 행동방식에까지 영향을 미치게 됩니다.

'우울'이란, 느낌이나 기분처럼 '평범한' 반응입니다. 모든 사람이 가끔은 우울하고 슬프고 울적해집니다. '느낌'이라는 것은 당신의 관심을 끌고 정보를 제공하기 위한 우리 몸의 소통 방법이라는 것을 기억하세요. 우울함은 종종 상실감(예 : 사랑하는 사람, 직업, 독립성, 외모, 수입, 건강 등의 상실)과 함께 옵니다. 아프다는 것은 일시적 혹은 영구적으로 많은 것을 잃는다는 것을 의미합니다. 당신은 이런 상실의 결과로 처음에는 우울함을 느낄지도 모릅니다. 그러나 그다음에는 상실감을 받아들이고 새로운 환경에 적응하며 앞으로 나아가야 합니다. 이러한 사실을 알지만, 가끔은 이런 상실감들을 받아들이기 너무 힘들어 앞으로 나아가지 못하는 경우도 있습니다. 우울감은 수 주, 수개월, 심지어 수년 동안 지속되는 질병(바바라의 경우처럼)으로 진행될 수 있는 것입니다.

"나의 우울 증상 및 징후" 양식을 살펴보고 당신의 치료자와 당신의 우울에 대해 의논하세요. 만약 최소 2주 동안 거의 매일 대부분의 시간 동안 5개 이상의 증상을 보였다면 당신은 아마도 주요우울장애(major depression)일 수 있습니다. 만약 당신이 그 기준에 부합된다면 주요우울장애는 중점적으로 치료해야 할 또 다른 만성질환입니다.

**나의 우울 증상 및 징후**

다음에 해당하는 곳에 표시하세요.

1. 최소한 2주 동안 지속적으로 무기력하고 슬프고 우울함을 느꼈다.

   예 _____          아니오 _____

2. 당신의 무기력함이 건강을 돌보고 일상생활을 영위하는 데 지장을 준다.

   예 _____          아니오 _____

3. 당신의 무기력함이 주변 사람들에게 나쁜 영향을 미치고 당신의 사회적 관계들에 부정적인 영향을 끼치고 있다.

   예 _____          아니오 _____

4. 최근 몇 주간 평상시에 즐겨하던 것들을 즐기지 못하고 있다.

   예 _____          아니오 _____

당신이 흔히 경험하는 증상의 빈도에 해당되는 숫자에 표시하세요.

|  | 전혀 | 가끔 | 자주 | 항상 |
|---|---|---|---|---|
| 짜증 나는 기분 | 1 | 2 | 3 | 4 |
| 식욕과 몸무게의 변화(둘 중 하나라도) | 1 | 2 | 3 | 4 |
| 수면 시간 변화(증가 또는 감소) | 1 | 2 | 3 | 4 |
| 항상 피곤함 | 1 | 2 | 3 | 4 |
| 기분의 변화(예 : 초조함, 가라앉는 느낌) | 1 | 2 | 3 | 4 |
| 집중력 저하, 기억력 감퇴 | 1 | 2 | 3 | 4 |
| 무가치함, 죄책감 | 1 | 2 | 3 | 4 |
| 죽음이나 자살에 대한 생각 | 1 | 2 | 3 | 4 |

당신은 완전히 진행된 주요우울장애에는 해당되지 않지만, 몇 가지 우울 증상만을 경험할 수도 있습니다. 상실에 대한 '정상적 반응'으로 나타나는 우울감은 전문적인 치료가 필요하지 않습니다. 그렇다 하더라도, 당신은 이 장에서 도움이 되는 상담 내용을 계속 찾거나 자조 제안(self-help suggestion, 스스로 할 수 있는 도움이 되는 방법들)을 시도할지도 모릅니다. 상실감을 확인하고, 애도하며, 또한 적응하고 앞으로 나아간다는 것은 어렵고 고통스러운 작업입니다. 이 프로그램의 목적은 이런 중요한 과정들을 수행하는 중에 있는 당신을 돕는 것입니다.

## 항우울제

만약 당신이 주요우울장애에 시달리고 있다면 약물치료를 고려해볼 수 있습니다. 최근에는 효과적인 항우울제들이 많이 개발되었습니다. 대부분은 보험 적용이 되고, 비싸지 않게 구입할 수 있는 약들도 있습니다. 새로운 약물일수록 부작용이 적고, 약물 간 상호작용이 거의 없는 제제도 출시되어 있습니다(당신이 이미 여러 약물을 복용 중이라면 상호작용과 관련한 부분은 매우 중요할 수 있습니다.). 만약 당신이 약물로 우울증을 치료하는 데 관심이 있다면 담당 의사 선생님과 상의해보세요.

만약 당신이 항우울제를 복용하기로 했다면 우울하다고 느끼지 않는 날에도 매일 규칙적으로 꾸준히 약을 먹는 것이 아주 중요합니다. 항우울제는 두뇌에 효과를 발휘하기까지 일정한 시간이 소요되며, 약물 효과가 유지되기 위해서는 어느 정도의 혈중농도가 유지되는 것이 필요합니다. 일반적으로 치료적 반응을 보이기까지는 4~6주 정도가 걸리며, 졸음이나 입마름과 같은 부작용은 바로 사라질 수 있는 증상들입니다. 만약 현재 복용하고 있는 특정 약물이 효과가 없을 경우, 의사는 약 용량을 늘리거나 새로운 약을 처방할 수도 있습니다.

### 항우울제 선택하기

어떤 항우울제가 당신에게 적합한 약제인지 어떻게 알 수 있을까요? 불행히도 현재로서는 어떤 약물에 누가 어떻게 반응할지에 대한 검사법은 없는 실정입니다. 일단 적절한 약제로 추정되는 약물을 선택하여 투약 후, 필요에 따라 약제를 유지하거나 변경하는 식의 시행착오 과정을 겪을 수 있습니다. 투약 중인 약제가 효과가 있는지 여부를 알기까지 통상 4~6주 정도가 소요되므로, 효과가 있는 약을 찾기 위해 다른 약물들을 시도해보기까지 몇 달이 걸릴 수는 있습니다. 그러나 이러한 과정들은 다음의 몇 가지 사항들을 생각해봄으로써 개선될 수 있습니다.

1. 이전에 항우울제를 복용한 적이 있습니까? 만약 있다면 용량과 기간은 얼마였나요? 부작용은 무엇이었습니까? 효과가 있었습니까?

   _____

   _____

2. 피하고 싶은 부작용은 무엇이었습니까? 도리어 유익하게 생각할 수 있는 부작용이 있었습니까? (예 : 불면증이 있을 경우 오히려 졸음이 와서 도움이 됨)

   _____

   _____

3. 당신 가족들 중 항우울제에 매우 효과적인 반응을 보인 사람이 있었습니까?

   _____

   _____

4. 당신은 어떤 보험에 가입되어 있습니까? 만약 보험에 가입되어 있지 않다면, 현재 약값은 얼마를 지불하고 있나요?

   _____

   _____

## 그 외 약물들

만약 한 가지 항우울제에 효과가 없다면, 시도해볼 수 있는 다른 범주의 약물들이 있다는 것을 기억하세요. 만약 당신이 지금 매우 피곤하고 불안하다면 우울증의 보조적 치료의 일환으로 항불안제나 정신자극제(stimulant) 복용에 대해 의사에게 요청할 수 있습니다.

## 부작용

모든 약은 잠재적인 부작용이 있습니다. 어떤 부작용은 시간이 지나면 없어집니다. 또한 어떤 부작용은 복용 시간을 바꾸거나 음식과 함께 복용함으로써 쉽게 조절될 수 있습니다. 만약 부작용으로 불편하다면, 의사 선생님과 이러한 부작용을 어떻게 조절할 것인지 또는 다른 약물을 시도해야 하는 것은 아닌지에 대해 상의하세요.

## 정신치료 또는 전문적인 상담

다행히 약물치료만이 주요우울장애의 유일한 치료법은 아닙니다. 정신(심리)치료 또는 전문상담 또한 그 효과가 입증되었습니다. 약물과 달리 상담은 당신이 '평범한' 우울 증상을 보일 경우에도 도움이 될 수 있습니다. 만약 당신이 추가적인 치료에 관심이 있다면 의사나 치료자와 함께 어떤 치료가 당신에게 가장 좋을지 상의하세요.

### 기대효과

거의 모든 종류의 치료는 인내심과 지속적인 투자, 그리고 노력이 필요합니다. 만약 당신이 주요우울장애를 경험하고 있다면 지속적인 향상을 위해 최소 10~12회 정도의 방문이 필요할 것입니다. 치료는 일반적으로 한 번 또는 그 이상의 초기 면담을 하는 것으로 시작되는데, 이 초기 면담 중에는 진단, 치료 방법 결정, 치료 목표 설정 등을 위한 정보 공유가 이루어집니다. 또한 이 면담 시간은 치료자에게 궁금한 것이나 걱정거리 등에 대해 상의할 수 있는 시간이 될 수도 있습니다.

초기 면담 후의 회기는 선택한 치료의 유형에 따라 매우 다양해집니다. 일반적인 치료의 목표는 당신의 기분과 일상적인 스트레스를 조절하는 새로운 방법을 배울 수 있도록 치료자가 당신을 돕는 것입니다. 궁극적인 목표는 치료가 종료되었다 하더라도 당신이 계속해서 성장하고 변화를 유지하는 것이 될 것입니다. 첫 치료 시도가 성공적이지 못하더라도 다른 치료자나 다른 유형의 치료를 시도해볼 수 있음을 기억하세요.

사례 : 2부

딸의 지속적인 권유로 결국 바바라는 의사를 만나 그녀의 무기력함, 불면증, 체중 감소, 집중력 저하, 그리고 우울증의 다른 증상들에 대해 말했다. 딸이 우려했던 대로 바바라는 다른 질병과 더불어 주요우울장애로 진단받았다. 그녀는 비록 처음에는 항우울제 치료를 꺼려하였지만, 약물 복용을 시작하였다. 그녀가 낯선 사람에게 마음을 꼭 열었어야만 했을까? 만약 원하지 않았던 치료를 하게 하고 치료가 실패했다면 어땠을까? 약물치료를 시작하고 두 달 후, 그녀의 기분은 나아졌지만 여전히 혼자였고 관리해야 할 다른 질환들은 여전했다. 마침내 그녀는 문제 대처 기술 강의를 찾게 되었고 용기 있게 참석하였다. 그녀도 놀랄 정도로 허리 통증은 점차적으로 나아졌고 지역 노인센터에서 새로운 친구들도 사귀기 시작하였다. 우울증을 진단받은 지 2년이 지났지만 바바라는 여전히 심한 관절염과 심장질환을 가지고 있다. 그렇지만 그녀는 노인들을 위해 예술을 가르치고 있고 몇 차례의 '우정의 만남시간 (friendship dates)'도 가졌다. 그녀는 우울증의 급성 치료에서 그녀의 기분을 유지하기 위한 지속적인 자조 프로그램을 활용하는 것으로 성공적으로 전환한 것이었다.

## 자조(Selp-Help)

'정상적인' 우울 반응에 대처하는 명확한 정답은 없기 때문에 자조 프로그램, 사회적 지지, 상담 등과 같은 복합적인 전략들이 활용됩니다. 당신은 우선적으로 이런 프로그램에 참여하고 연습하고 싶을 수 있습니다. 이러한 연습과 더불어, 필링 굿(David Burns 저)이나 기분 다스리기(Greenberger · Pedesky 저)와 같은 자조 서적들을 이용할 수도 있습니다. 다른 자조 전략들에 관해서는 다음에 나와있습니다.

### 자의식(Self-Awareness) 개발하기

자의식을 향상시킴으로써 자신을 더 많이 이해하고 감정을 잘 조절할 수 있으며 중요한 감정들이 무엇인지 알아챌 수 있습니다. 이런 기술은 감정을 감지하고 여과하는 능력을 포함합니다. 감지(detection)란 어떤 감정이 생기는 것을 인지한다는 것을 의미하고, 여과(filtering)란 어떤 감정에 주의를 기울이고 어떤 감정은 내버려두어야 할지 결정할 수 있는 능력을 의미합니다.

"감정 감지 및 여과 작업지"를 살펴보세요. 당신이 슬프고 우울할 때 어떻게 반응하는지 적어보십시오. 예를 들면 피곤하다거나 식욕이 없어지는 신체 증상들을 보일 수 있습니다. 또는 부정적인 생각이 든다거나 행동의 변화가 있을 수도 있습니다. 당신이 우울한지 다른 사람들은 어떻게 알 수 있을까요? 당신은 당신이 우울함을 어떻게 인지하게 되나요?

스스로 우울하다는 것을 감지할 수 있는 방법들을 나열해본 후, 이러한 감정을 이해하고 변화시키기 위한 적절한 타이밍을 결정하는 데 도움이 되는 가이드라인 목록을 하나하나씩 수행하세요. 예를 들면, '여과'는 다음의 내용을 바탕으로 하게 됩니다.

- 감정의 강도(즉, 강렬한 감정에 먼저 주의를 기울이게 됨)
- 새로움(즉, 새로운 감정들은 중요한 탐구의 대상이 될 수 있음)
- 기간(예 : 일시적인 변화는 걱정할 가치가 없을 수 있음)
- 유발 요인(예 : 부부갈등으로 유발된 감정은 우선순위를 갖게 됨)
- 현재의 에너지 또는 능력 수준(예 : 피곤하거나 통증이 있을 때 감정을 처리하고자 하는 것은 그다지 좋은 생각이 아님)

일단 어떤 감정이 깊이 있게 탐색할만한 가치가 있다고 결정했다면 스스로에게 물어보세요. "지금 이 순간 왜 나는 이런 감정을 느낄까?" 당신의 생각과 행동과의 연관성에 대한 이해를 포함하여, 가능한 이런 감정을 이해하려고 최대한 노력하세요(ABC 모델에 근거하여 ABC가 어떤 것인지 명확히 하기). 감정이 감지되고 이해되면 이런 감정에 대처할 최선의 방법을 선택할 수 있습니다. 예를 들어 만약 어떤 감정이 인지 불균형에 의해 유발되었다면 당신은 ABCD 연습을 할 수 있습니다(제3회기 참조). 만약 변화시키기 어려운 환경으로 인한 감정이라면, 당신은 당신의 기분을 향상시키기 위한 노력을 우선적으로 할 수 있을 것입니다(제3회기의 "정서 중심 대처" 참조).

**감정 감지 및 여과 작업지**

## 감정 감지

1. 우울감(혹은 다른 흥미로운 감정)으로 인해 어떤 영향을 받습니까? 어떤 징후나 단서들이 있습니까?

   신체적 징후나 단서 : _____

   행동적 징후나 단서 : _____

   정서적 징후나 단서 : _____

   인지적 징후나 단서 : _____

   사회적 징후나 단서 : _____

2. 당신이 이런 감정에 있을 때 친구나 가족, 다른 사람들은 뭐라고 말하나요?

   _____

   _____

   _____

   _____

## 감정 여과

1. 인지된 감정은 새로운 것인가요? 그것은 탐색해볼만한가요?

   _____

2. 만약 그런 감정들을 무시한다면 없어질까요? 그럼으로써 부정적인 결과가 생길까요?

   _____

3. 감정을 탐색함으로써 무엇을 얻게 될까요?

   _____

4. 무엇이 감지된 감정을 유발시켰나요? 유발 요인은 규명할 필요가 있을 정도로 중요한 내용입니까?

   _____

5. 지금 당장 이런 감정들을 이해하고 관리할 시간과 에너지, 역량을 가지고 있나요?

   _____

   _____

## 상실감을 인정하고 슬퍼하기

만성질환으로 투병하면서 박탈감과 슬픔을 느끼는 것은 정상적이라고 할 수 있습니다. 혼자 또는 친구나 가족과 함께 울어도(혹은 분노해도) 괜찮다고 말하고 싶습니다. 어떤 방식으로든 당신의 슬픔을 인정하고 표현하는 것은 건강한 일입니다. 당신도 알고 있듯이 슬픔은 시간이 지나면서 감정적인 변화를 반복합니다. 어떤 날은 비통함에 휩싸였다가도 어떤 날은 인정하고 받아들이는 것입니다.

상실감과 그것의 의미를 이해하는 것은 중요합니다. 그 상실감 때문에 당신은 사랑하는 사람들에게 감당할 수 없는 짐이 될 것 같다는 두려움, 혹은 사랑받지 못하고 지지받지 못할 것 같다는 두려움을 갖게 될 수도 있습니다. 비록 당신의 질병으로 인한 상실감이 불가피한 부분이 있더라도, 지금보다 더 나아지도록 당신이 할 수 있는 것들은 많습니다. 중요한 인간관계들을 잘 챙기고 관계가 끊어지지 않도록 강화시키며, 인지적 재구성이나 활동 일정 계획하기와 같은 대처 전략들을 사용하는 것은 지금보다 더 나아지게 할 수 있는 방법들입니다.

## 균형 잡힌 생각을 하기

스트레스와 마찬가지로 '정상적인 우울'도 유익하지 않은 사고(생각)에 의해 악화될 수 있습니다. 실제로 당신에게 특별한 의미를 갖는 상실감이 존재하고 그것이 피할 수 없는 것이라는 생각이 들면, 종종 당신은 이를 절대로 극복하지 못할 것이라고 느낄 수 있습니다. 다음 질문들은 현재의 긍정적인 면들과 이점(利點)을 이해하게 하여 더 나은 균형 잡힌 생각을 할 수 있도록 돕는 질문들입니다.

1. 당신에게 미래를 기대하도록 하는 것은 무엇입니까?

_____

_____

2. 당신에게 감사함을 느끼게 하는 것은 무엇입니까?

_____

_____

3. 이 질병이 당신 인생의 우선순위를 다시 배열하는 데 도움이 되었습니까? 당신의 우선순위는 무엇입니까?

_____

_____

4. 이 질병으로 인해 다른 사람들과 가까워졌습니까?

_____

_____

5. 이 질병이 당신을 긍정적으로 변화시켰습니까?

_____

_____

6. 이 질병이 당신을 보다 영적으로 변화시켰습니까?

_____

_____

7. 이 질환과 별개로 현재 당신의 삶에 일어나고 있는 좋은 일들은 무엇입니까?

_____

_____

당신은 이미 지나간 시간들 혹은 예전에 있었던 일들을 생각할 때 상실감을 경험할지도 모릅니다. 잃어버린 것들을 이상화하고, 이미 소유하고 있었던 것들에 대해서 잊어버리는 것은 어렵지 않은 일입니다. 다음 질문들은 지나간 날들에 대해 균형 잡힌 생각을 할 수 있도록 돕는 질문들입니다.

1. a. 전력을 다해 쉬지 않고 일하는 것의 부정적인 면은 어떤 것입니까?

_____

_____

b. 자, 이제 당신은 더 이상 일할 필요가 없습니다. 이러한 상황에서 얻게 된 것들이 있습니까?

_____

_____

2. a. 당신이 '온전했을' 때, 친구나 가족들과는 얼마나 가까웠습니까?

_____

_____

b. 이 질병으로 인해 그동안 소원했던 부분들로부터 벗어나 보다 친밀해
졌습니까?

_____

_____

3. a. 이런 심각한 투병 상황이 아니더라도 우울하거나, 불안하거나, 스트레
스를 받은 적이 있습니까? 인생은 당신이 기억하는 것처럼 정말 좋았
습니까?

_____

_____

b. 무엇이 좋았고 무엇이 나빴습니까? 만약 당신이 건강할 때 안 좋은 일
들이 있었다면, 당신이 아플 때 좋은 일이 있을 수는 없는 것일까요?

_____

_____

4. 당신을 견디게 할 인생 최대의 성취들은 어떤 것들입니까? 당신의 유산
은 무엇입니까? 어떤 것이 당신을 자랑스럽게 합니까?

_____

_____

## 목표를 분명히 하기

여행, 기념일, 혹은 아주 사소한 것이라도 무언가를 기대한다는 것은 좋은
것입니다. 첫 회기에 세웠던 목표를 기억해보세요. 여전히 유효합니까? 목
표 달성을 위한 진전이 있었습니까? 목표를 이루기 위해 할 수 있는 것들을
고민해보십시오. 만약 새로운 목표가 생겼다면 아래 빈칸에 적어보세요.

_____

_____

_____

_____

## 활동 관찰 및 활동 일정 계획하기

활동(또는 행동)은 기분과 매우 밀접한 관계가 있습니다. 우울하면 활동적이지 않게 되고, 활동이 감소하면 더 우울해져 다시 더욱 활동적이지 못하게 되는 악순환의 고리를 유발하게 됩니다(고전적인 나선형 하향 곡선과 유사). 활동 관찰은 당신의 삶에 있어 활동의 양과 질을 평가하는 한 가지 방법입니다. 그리고 활동 일정 계획하기는 선택된 활동의 수와 유형을 주의 깊게 변경할 수 있는 방법입니다. 보다 즐거운 활동들에 참여함으로써 당신은 당신의 기분을 향상시킬 수 있을 것입니다.

### 활동 관찰

당신은 이미 '자기관찰'이라는 중요한 기술을 활용하고 있는 중입니다. 당신은 당신의 인지, 평가, 그리고 해결책에 대한 결과(solution outcome)도 관찰해오고 있습니다. 그리고 당신의 생각, 행동, 느낌 그리고 이것들이 서로 어떻게 상호 연관되어 있는지 주의 깊게 관찰하고 있습니다. 당신은 이러한 정보들을 활용하여 삶의 질을 향상시키기 위한 보다 나은 선택을 할 수 있습니다.

활동 관찰을 위해서는 당신의 일상 활동 혹은 일상적인 행동에 주의를 기울여야 합니다. 이런 활동들은 당신이 해야만 하는 일들(예 : 집안일, 약속 등)과 당신이 하고 싶은 일들(예 : 친구와 얘기하기, 외식하기 등)이 포함됩니다. 이 종합적인 활동 기록은 선택된 활동들의 유형과 수준을 밝혀내는 데 도움이 됩니다. 당신은 저녁이나 주말에는 계획적으로 시간을 활용하지 못하는 경향이 있음을 새삼 알게 될 수도 있습니다(그리고 이로 인해 따분함 혹은 기분 저하가 유발되게 됩니다.). 또한 해야 할 일은 가득하지만 즐거움이나 스트레스를 줄이기 위한 시간은 거의 없음을 발견할 수도 있습니다.

"활동 기록 및 활동 일정 계획하기 양식"을 살펴보세요. 당신은 이 책에 있는 양식을 복사하거나 Treatments *ThatWork*™ 웹사이트(www.oup.com/us/ttw)에서 양식 여러 부를 내려받을 수 있습니다. 이 양식은 현재의 활동들을 관찰(즉, 기록)하고 앞으로의 활동 일정을 계획하는 데 활용할 수 있습니다. 현재 활동들을 관찰함으로써 멍하게 보내는 시간이나 기분이 가라앉은 시간들을 확인할 수 있으며, 이 시간들을 보다 유쾌한 활동을 하는 시간으로 채울 수 있는 것입니다. 이 회기를 시작할 때 당신은 지금까지 해왔던 활동들을 나열하면서 기록을 했습니다. 다음 주까지 당신의 일상 활동들을 계속해서 기록하세요. 당신이 원하는 만큼 최대한 자세하게 기록하되, 적어도 한 시간에 한 가지 정도의 행동은 기록하도록 하십시오. '병원 진료, TV 시청하기, 강아지 산책시키기'와 같은 포괄적인 표현도 상관없습니다. 하루를 마무리할 때 당신의 기분을 1~10점(10점 : 최고의 기분) 중 가장 적합하다고 생각하는 점수를 기록으로 남기는 것 또한 잊지 마세요.

## 활동 일정 계획하기

활동 일정을 계획하기 위해서는 균형 있는 활동 내용을 선택하거나 혹은 주중 여유 시간에 즐거운 활동들을 할 수 있도록 의식적으로 노력해야 합니다. 당신이 이미 했던 활동들을 기록하는 것보다는 곧 앞으로 하고 싶은 활동들을 계획해보세요. '건강한' 활동(즉, 성취와 즐거움, 함께함과 혼자 있음, 이완과 자극, 도전과 안정감 등의 균형 있는 조화로운 감정을 줄 수 있는 활동)을 하는 것은 중요합니다. 핵심은 당신이 활동에 대한 선택권을 가졌다는 것입니다. 따라서 당신은 기분을 최고로 향상시켜 줄 활동들을 선택할 수 있을 것입니다.

즐거운 활동들을 계획하는 것은 단순하지만 효과적인 기분 관리 전략입니다. 비록 질병은 어떤 활동들을 제한하거나 방해하지만, 여전히 당신의 하루를 즐겁게 하고 덜 우울하게 할 수 있는 많은 것들이 있습니다. 당신의 도우미 선생님과 이 회기에 참여하고 있었을 때, 당신은 즐거운 활동 목록을 살펴보았고 다음 주에 할 몇 가지 활동들을 계획하였을 것입니다. 시도하기를 원하는 다른 활동들이 있는지를 살펴보기 위해 다시 한 번 즐거운 활동 목록을 살펴보고 싶을 수도 있습니다. 또한 도우미 선생님과 함께 기록한 즐거운 활동들이 무엇이었는지 다시 되새기기 위해 "활동 기록 및 활동 일정 계획하기 양식"을 다시 한 번 살펴보세요. 당신이 한 활동과 다음 주에 하고자 하는 활동을 기록하기 위해서 같은 양식(활동 기록 및 활동 일정 계획하기 양식)을 이용하게 될 것입니다. 중간에 활동을 더하거나 변경할 수 있다는 것도 잊지 마세요.

1. 좋아하는 옷 입기
2. 야외 활동을 즐기기(해변, 교외 등)
3. 내가 존경하는 사람들을 돕기
4. 스포츠 관람 또는 스포츠에 대해 이야기하기
5. 연극, 콘서트, 발레 등을 관람하기
6. 물품 구매하기
7. 수공예품 만들기
8. 종교서적 읽기
9. 내 방이나 집의 꽃장식이나 색 바꾸기
10. 책이나 잡지 읽기
11. 강의나 설교 듣기
12. 운전으로 기분전환하기
13. TV 시청하기
14. 보드게임 하기
15. 어려운 과제를 완료하기
16. 퍼즐이나 십자말풀이 하기
17. 샤워 혹은 욕조에서 목욕하기
18. 이야기, 시, 노래 등을 읽거나 창작하기
19. 노래하기
20. 교회 행사에 참여하기
21. 모임에 참석하기
22. 악기 연주하기
23. 낮잠 자기
24. 사적인 문제를 해결하기
25. 화장하거나 헤어스타일 바꾸기
26. 친구를 도와주기
27. 햇살 좋은 날 앉아있기
28. 무언가를 계획하기
29. 자연을 보고 듣고 냄새 맡기
30. 라디오 듣기
31. 선물 주기
32. 사진 찍기
33. 금전 관리
34. 농담 주고받기
35. 아름다운 경관 보기
36. 몸에 좋은 음식 먹기
37. 건강 돌보기(치과 치료, 새 안경 구매)
38. 시내(downtown) 가기
39. 박물관이나 전시회 가기
40. 일을 잘 해내기
41. 무언가 빌려주기
42. 마사지나 발 손질 받기
43. 새로운 것을 배우기
44. 친척들과 잘 지내기
45. 전화로 수다 떨기
46. 공상에 잠기기
47. 영화 보기
48. 키스하기
49. 집 주변의 잡다한 일 하기
50. 외식하기
51. 지나간 옛일에 대해 이야기하거나 회상하기
52. 아침 일찍 일어나기
53. 친구 방문하기
54. 일기 쓰기
55. 기도하기
56. 명상, 요가하기 등
57. 신문 읽기
58. 운동하기
59. 맨발로 걷기
60. 누군가가 원반던지기 하는 것을 보거나 같이하기
61. 음악 듣기
62. 바느질하거나 자수 놓기
63. 미용실이나 피부 관리사에게 가기
64. 사랑하는 누군가와 함께 있기
65. 늦잠 자기
66. 새로운 일을 시작하기
67. 새롭거나 특별한 음식을 준비 혹은 주문하기
68. 사람들 구경하기
69. 모닥불을 피우거나 바라보기
70. 무언가 사고 팔아보기
71. 고장난 것을 고쳐보기
72. 편지, 카드 혹은 쪽지 쓰기
73. 화초 돌보기
74. 산책하기
75. 수집하기
76. 아이들과 함께할 수 있는 것을 같이하기
77. 애완동물과 놀기
78. 만화영화 혹은 만화책 보기
79. 내 장점을 사용해보기
80. 흥미로운 질문 생각하기

출처 : Muñoz와 Miranda(1994)로부터 인용함

## 활동 기록 및 활동 일정 계획하기 양식

한 주의 활동을 기록하세요. 하루를 마무리할 때 당신이 기분을 1~10점으로 평가하여 점수를 표시하세요(1점=기분이 가장 나쁨, 10점=최고의 기분).
또한 미리 즐거운 활동들을 적어서 계획하도록 하세요. 이미 완료한 활동에 동그라미 표시를 하고, 만약 완료하지 못했다면 사선 표시를 하세요.

| 시간 | 일 | 월 | 화 | 수 | 목 | 금 | 토 |
|---|---|---|---|---|---|---|---|
| 7A.M | | | | | | | |
| 8A.M | | | | | | | |
| 9A.M | | | | | | | |
| 10A.M | | | | | | | |
| 11A.M | | | | | | | |
| 12A.M | | | | | | | |
| 1P.M | | | | | | | |
| 2P.M | | | | | | | |
| 3P.M | | | | | | | |
| 4P.M | | | | | | | |
| 5P.M | | | | | | | |
| 6P.M | | | | | | | |
| 7P.M | | | | | | | |
| 8P.M | | | | | | | |
| 9P.M | | | | | | | |
| 10P.M | | | | | | | |
| 그날의 기분 점수 | 1 2 3 4 5 6 7 8 9 10 | 1 2 3 4 5 6 7 8 9 10 | 1 2 3 4 5 6 7 8 9 10 | 1 2 3 4 5 6 7 8 9 10 | 1 2 3 4 5 6 7 8 9 10 | 1 2 3 4 5 6 7 8 9 10 | 1 2 3 4 5 6 7 8 9 10 |

## 숙제

✎ "나의 우울 증상 및 징후" 양식을 작성하세요.

✎ 우울증 치료가 필요할 경우, 치료 계획을 세우세요.

✎ "감정 감지 및 여과 작업지" 양식을 작성하세요.

✎ "자조" 절에 있는 질문에 답하고, 전략을 세워보세요.

✎ "즐거운 활동 목록"을 다시 한 번 복습하세요.

✎ 활동을 관찰하고 적어도 한두 개 정도의 새로운 즐거운 활동을 계획하기 위해서 "활동 기록 및 활동 일정 계획하기 양식"을 이용하세요.

메모 :

_____

_____

_____

_____

# 질병과 기분 : 불안

## 목표

- 불안에 대해 알기
- 불안 증상에 대처하기 위한 단계별 방법 익히기
- 불안증 치료가 필요할 경우, 바로 치료를 시작하기
- 정신위생 프로그램 활용하기

### 사례 : 1부

제프는 불과 46세라는 나이에 폐암 진단을 받았다. 제프는 수술과 항암치료를 다 받았지만, 화가 나고 맥이 빠지며 두려운 마음은 없어지지 않았다. 10년이 지났지만 제프의 건강은 여전히 좋지 않았다. 그리고 현재는 직업, 주거, 자가용, 그리고 심지어 정치문제 등 모든 것에 대해 걱정이다. 늘 초조와 긴장, 그리고 짜증을 느꼈으며, 설명할 수 없는 불쾌한 통증, 소화 불량, 어지러움, 그리고 끔찍하게 느껴지는 가슴 조임 증상도 있었다. 제프 스스로도 이러한 증상이 암이 아니라는 것을 알고 있었으나, 도대체 왜 이러한 증상이 생기는지는 알 수 없었다. 제프는 불안했다.

## 불안의 정의

모든 사람은 때때로 불안을 경험하곤 합니다. 특히 몸이 아플 때 사람들은 오랜 시간 많은 불안을 느낄 수 있습니다. 흔히 불안(anxiety)하다고 하면 '긴장감을 느낀다', '걱정스럽다', '마음의 갈등이 있다', '마음이 편하지 않다', '불편한 마음을 느낀다', '스트레스가 쌓인다', '두렵다'와 같은 의미로 이해하곤 합니다. '불안'이란 감정, 신체 상태 그리고 정신 상태와 연관이 있다고 할 수 있습니다. 스트레스를 받고 있다고 느낄 때, 그 느낌에는 종종 불안감이 크게 자리하고 있는 경우가 많습니다. 불안감을 느낄 때 당신은 어렴풋이 다가올 위험을 감지는 하지만 잘 해결할 수 있을지에 대해서는 확신하지 못합니다.

위험을 감지했을 때 당신의 신체는 바짝 긴장을 함으로써 그 위험에 직면할 수 있도록 준비하게 됩니다. 이것을 '싸움 혹은 도피(fight-or-flight)' 반응이라고 하며, 이는 당신이 어떤 위협에 대해 맞서 싸우거나 혹은 도망칠 수 있도록 당신을 준비시키는 신호입니다. 이러한 시스템은 허위 경보 혹은 거짓 위험이 아니라면 매우 효과적입니다. 반면 직접적으로 싸울 수 없는 문제이거나, 회피할 수 없는 문제인 경우에는 해결에 별 도움이 되지 않을 수 있습니다. 아주 오래된 문제이거나 혹은 변화가 어려운 문제인 경우, '싸움 혹은 도피' 반응은 도움이 되기는커녕 오히려 해가 될 수 있는 것입니다.

우울과 마찬가지로 당신은 당신의 불안 정도와 유발 요인을 이해하고 관찰(모니터링)해야 합니다. "나의 불안 증상" 양식을 작성하면서 시작해보세요.


## 불안에 대처하기

다음은 불안 증상을 대처하기 위한 단계별 방법입니다.

1단계 : 당신의 불안의 원인(들)을 파악하기
2단계 : 핵심 근본 문제 및(혹은) 증상을 해결할 수 있는 중재 방법을 선택하기
3단계 : 미래의 불안을 최소화하기 위한 새로운 정신건강습관을 적용하기

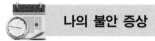 

다음은 일반적인 불안 증상에 대한 목록입니다. 지난주에 당신이 경험한 증상에 표시하세요. 이런 불안 증상들을 얼마나 자주 경험하였고 강도는 어떠하였는지 해당 항목에 동그라미 표시를 하세요.

| | 빈도 | | | | 강도 | | | | | | | | | |
|---|---|---|---|---|---|---|---|---|---|---|---|---|---|---|
| 과도한 걱정 | 전혀 | 가끔 | 자주 | 항상 | 1 2 3 4 5 6 7 8 9 10 |
| 집중하기 어려움 | 전혀 | 가끔 | 자주 | 항상 | 1 2 3 4 5 6 7 8 9 10 |
| 안절부절못함 | 전혀 | 가끔 | 자주 | 항상 | 1 2 3 4 5 6 7 8 9 10 |
| 피곤함 | 전혀 | 가끔 | 자주 | 항상 | 1 2 3 4 5 6 7 8 9 10 |
| 짜증스러움 | 전혀 | 가끔 | 자주 | 항상 | 1 2 3 4 5 6 7 8 9 10 |
| 근육의 긴장감 | 전혀 | 가끔 | 자주 | 항상 | 1 2 3 4 5 6 7 8 9 10 |
| 긴장성 두통 | 전혀 | 가끔 | 자주 | 항상 | 1 2 3 4 5 6 7 8 9 10 |
| 잠을 잘 자지 못함 | 전혀 | 가끔 | 자주 | 항상 | 1 2 3 4 5 6 7 8 9 10 |
| 조마조마하거나 긴장함 | 전혀 | 가끔 | 자주 | 항상 | 1 2 3 4 5 6 7 8 9 10 |
| 어지럽거나 몽롱함 | 전혀 | 가끔 | 자주 | 항상 | 1 2 3 4 5 6 7 8 9 10 |
| 떨림 | 전혀 | 가끔 | 자주 | 항상 | 1 2 3 4 5 6 7 8 9 10 |
| 숨쉬기가 힘듦 | 전혀 | 가끔 | 자주 | 항상 | 1 2 3 4 5 6 7 8 9 10 |
| 발한(단, 발열에 의한 것이 아님) | 전혀 | 가끔 | 자주 | 항상 | 1 2 3 4 5 6 7 8 9 10 |
| 멍해지거나 얼얼한 느낌 | 전혀 | 가끔 | 자주 | 항상 | 1 2 3 4 5 6 7 8 9 10 |
| 심장이 마구 뜀 | 전혀 | 가끔 | 자주 | 항상 | 1 2 3 4 5 6 7 8 9 10 |
| 복통 | 전혀 | 가끔 | 자주 | 항상 | 1 2 3 4 5 6 7 8 9 10 |
| 대인관계 회피 | 전혀 | 가끔 | 자주 | 항상 | 1 2 3 4 5 6 7 8 9 10 |
| 재앙 또는 '지구 종말'에 대한 생각 | 전혀 | 가끔 | 자주 | 항상 | 1 2 3 4 5 6 7 8 9 10 |
| 공황 증상 | 전혀 | 가끔 | 자주 | 항상 | 1 2 3 4 5 6 7 8 9 10 |

## 1단계 : 당신의 불안의 원인(들)을 파악하기

마음속의 감정을 당신의 관심을 끌기 위해 발사된 마음의 조명탄이라고 생각해보세요. 마음의 조명탄인 감정은 종종 "이봐요, 정신 차려요! 뭔가 잘못됐어요! 집중해봐요!"라고 스스로에게 이야기해줍니다. 이런 식으로 느껴지는 감정들은 유용할 수 있지만, 이를 위해서는 반드시 신호를 읽고 반응할 수 있어야만 합니다. 이런 경고 신호에 주의를 기울이고 무엇을 해야 할지 결정하기 위해서는 먼저 당신을 불안하게 하는 것이 무엇인지를 파악하고 이해하여야 합니다. 종종 모호하거나 새로운 상황이 극도의 불안을 유발합니다. 불안을 유발한 원인들에 대해서 많이 알수록 불안에 대처하는 방법과 불안을 통제할 수 있다는 자신감에 대한 중요한 정보를 얻을 수 있습니다.

다음 질문들은 당신의 불안의 원인을 파악하고 이해하는 데 도움을 줄 것입니다.

1. 처음 불안을 느꼈을 때 어떤 생각이 들었나요?

_____

_____

2. 불안감을 유발하는 특별한 시간, 장소, 사람들이 있나요?

_____

3. 주로 무슨 걱정을 하나요?

_____

4. 당신을 가장 두렵게 하는 게 무엇인가요?

_____

_____

5. 당신을 불안하게 하는 과거 혹은 미래에 대한 특별한 이미지, 기억, 생각들이 있나요?

_____

_____

6. 왜 이런 것들이(이미지, 기억, 생각) 당신을 신경 쓰이게 하나요? 이러한 것들은 당신에게 어떤 의미일까요?

_____

_____

7. 이런 걱정들이 과거의 어떤 것들을 생각나게 하나요?

_____

_____


당신은 질병으로 인해 많은 불안감을 느끼고 있을지 모릅니다. 다음 질문들은 당신이 당신의 질병과 관련된 불안의 원인에 대해 생각해볼 수 있도록 도울 것입니다.

1. 질병 때문에 가장 두려운 것은 무엇입니까?

_____

_____

2. 질병과 관련한 어떤 증상이 가장 큰 두려움을 유발하나요?

_____

_____

3. 당신의 질병이 점점 악화된다고 생각될 때, 무엇이 당신을 가장 두렵게 하나요?

_____

_____

4. 죽음에 대해 당신을 가장 두렵게 하는 것은 무엇인가요?

_____

_____

5. 이런 걱정들이 가족 중 누군가의 질병 또는 죽음과 관련이 있나요?

_____

_____

## 2단계 : 중재 방법을 선택하기

다음 단계는 불안의 원인과 증상을 해결할 중재 방법을 선택하는 것입니다. 일단 당신이 불안의 원인을 파악할 수 있다면 첫 번째 과제는 불안을 해결할 실질적인 방법(제3회기에서 언급되었던 문제 중심 대처)을 생각해내는 것입니다. 스스로에게 다음의 질문들을 해보세요.

- 상황을 변화시키거나 적어도 상황에 대해서 더 잘 알기 위해 스스로가 수행할 수 있는 즉각적인 단계들이 있습니까?
- 주변에 도와줄 수 있는 사람이 있나요?
- 이용할 수 있는 자원들은 어떤 것인가요?

제3회기의 '문제 해결 단계'를 이용하세요. 이는 큰 스트레스 요인을 감당할 수 있는 스트레스 요인으로 바꾸는 데 유용합니다. 문제에 직면했을 때 사회적 지지나 의료팀들의 도움을 잊지 말고 이용하도록 하세요. 스트레스의 원인을 해결하기 위해서 당신이 할 수 있는 일을 한 후, 스스로 긴장을 이완시키기 위한 몇 가지 연습들을 하고 싶을지도 모릅니다. 몇 가지 이런 연습들은 '자조'의 일종입니다. 일단 몇 가지를 시도해보고 정기적으로 실행할 연습을 결정하세요.

## 3단계 : 새로운 정신건강습관을 적용하기

2단계가 불안 증상을 관리하는 데 도움을 주는 반면 3단계는 불안 관리 기술을 향상시키고 재발을 방지하는 데 도움을 줍니다. 정신건강습관(mental health habit)은 각성 수준을 낮게 하고 마음과 정신을 불필요한 혼란으로부터 자유롭도록 도와주는 일상 업무와 활동입니다.

당신은 자기관찰, 인지 균형, 스트레스원 평가 능력 향상, 문제 해결, 정서 중심 대처, 이완과 같은 당신이 새롭게 개발시킨 기술들의 도움을 받아야 합니다. 만약 당신이 상당한 불안 증상을 가지고 있다면, 좋은 정신건강습관에는 항불안제 약물치료 및 유지치료가 포함됩니다. 이 회기의 마지막에는 미래를 위한 '정신위생 계획'을 수립하여 수행을 시작하게 될 것입니다.

# 자조(Selp-Help)

불안에 효과적으로 대처하고 이완할 수 있도록 도울 수 있는 많은 기술들이 있습니다. 당신은 이미 횡격막(복식)호흡, 균형 잡힌 생각, 인지적 재구성 (A-B-C-D), 문제 해결, 활동 일정 계획하기 등에 대해 배웠습니다. 이것은 스트레스와 우울을 경감시키는 중재 방법들이지만 불안을 줄이는 데에도 동일하게 효과적일 수 있습니다. 구조화된 연습과 더불어 주변 환경에 작은 변화(감미로운 음악 연주하기, 아로마치료 이용하기, 조도와 온도를 조정하기 등)를 주는 것이 종종 긴장과 불안을 줄일 수 있다는 점을 기억하세요. 다음의 자조 서적들을 이용해볼 수도 있습니다(추가 정보는 부록을 참조하세요.).

긴장 이완과 스트레스 감소 워크북, Martha Davis · Elizabeth Eshelman · Matthew McKay 저

불안 · 공황장애와 공포증 상담 워크북, Edmund Bourne 저

The PTSD Workbook : Simple, Effective Techniques for Overcoming Traumatic Stress Symptoms, Mary Beth Williams · Soili Poijula 저

An End to Panic : Breakthrough Techniques for Overcoming Panic Disorder, Elke Zuercher-White 저

## 이완

심박동 수를 떨어뜨리거나 혈압, 근긴장도를 감소시키는 등 이완 반응을 유발하기 위해 사용할 수 있는 여러 기법들이 있습니다. '이완 반응'은 '싸움 혹은 도피 반응'과 거의 상반된 반응입니다. 기법들로는 횡격막호흡, 점진적 근육 이완, 명상, 요가, 지시적 심상 요법, 태극권(Tai Chi) 등이 있습니다. 정기적으로 수행할 기술을 선택하기에 앞서 다양한 방법들의 일부를 체험하고 싶을 수도 있습니다. 일단 선택을 하였다면, 선택한 이완 수행을 당신의 정규 스케줄에 포함시키세요. 이 장에 포함된 이완 또는 지시적 심상 요법의 지시문을 녹음할 수도 있습니다. 당신에게 도움이 될만한 상품화된 이완 요법 CD들도 많이 나와있습니다.

## 횡격막호흡

불안에 맞서 싸우는 가장 좋은 시작 방법은 당신의 호흡과 함께하는 것입니다. 긴장하면 우리의 호흡은 변합니다. 보통 얕고 빠르게 호흡하게 되는 것이 일반적입니다. 어떤 사람들은 심지어 숨을 참기도 합니다. 불행히도 이러한 자동적인 반응은 단지 불안 증상을 악화시킵니다.

당신이 불안감을 느낄 때 맨 먼저 해야 하는 생각은 '호흡해.'라고 명령하는 것입니다. 그리고 가능한 천천히, 깊이 호흡을 유지하려고 애쓰십시오. 가장 좋은 호흡은 복식호흡임을 기억하세요. 제1회기 마지막의 호흡 연습을 참조하세요.

## 점진적 근육 이완(Progressive Muscle Relaxation)

불안하거나 걱정될 때 목, 등, 어깨 또는 신체의 다른 부위들에 긴장을 느끼는 것을 흔하게 경험할 수 있습니다. 근육의 긴장에 익숙해져 긴장하고 있다는 것조차도 알아차리지 못할 지도 모릅니다. 마음을 편안하게 하기 위한 한 가지 방법으로 신체의 각 근육군에 체계적인 집중을 하고 이후 이완시키기 위한 노력을 하는 방법이 있습니다. 이러한 방법을 PMR, 즉 '점진적 근육 이완'이라고 합니다.

다음의 지시문은 당신이 이번 회기에서 '점진적 근육 이완'을 배우고 난 뒤 집에서 연습할 때 활용할 수 있는 문구들입니다. 10초 동안 각각의 근육을 긴장시킨 후 10~20초 동안 이완합니다. 이완할 때 숨을 내쉬면서 '편안하다.'라고 속으로 말하세요. 긴장할 때와 이완할 때의 느낌의 차이에 집중하세요. 각 근육마다 연속으로 두 번 수행하고 마지막에는 온몸을 이완하는 것으로 마무리하세요.

다음은 각 근육마다 어떻게 긴장시키는지에 대한 설명입니다.

1. 팔 : 팔을 곧게 펴서 양 옆에 붙입니다. 그리고 두 주먹을 불끈 쥐고, 팔꿈치를 접어 팔뚝을 힘껏 위로 올립니다.
2. 다리 : 발목을 젖혀 발가락을 최대한 위쪽으로 당깁니다. 이때 양 무릎은 붙이고 다리는 침대나 의자의 바닥에서 뗍니다.
3. 배 : 배를 등쪽으로 아주 강하게 집어넣으면서 긴장시킵니다.

4. 가슴 : 깊게 호흡하고 숨을 참습니다.

5. 어깨 : 양 어깨가 끈에 매달렸다고 생각하고 귀를 향해 위로 당깁니다.

6. 목 : 목을 뒤쪽으로 힘껏 누르고 턱은 가슴을 향해 당깁니다.

7. 입, 턱, 목구멍 : 입을 꼭 다문 채 입꼬리를 잡아당겨 억지웃음을 짓습니다.

8. 눈과 이마 : 눈썹을 아래쪽 중앙을 향해 당기면서 눈을 찡그려 꽉 감습니다.

8개의 근육들에 힘을 주었다 푼 후 하나에서 다섯까지 세면서 깊게 이완하세요. 잠시 동안은 천천히 호흡하고 내쉬는 호흡에는 '편안하다.'라고 반복하세요. 이제 다섯부터 하나까지 거꾸로 세면서 정신이 들도록 합니다.

## 지시적 심상 요법

먼저 표준 횡격막호흡 또는 PMR 연습을 완전히 해야 합니다. 이완 상태에 도달하였다면 이완 경험을 최대화하기 위해 지시적 심상 요법을 활용하세요. 다음의 지시문을 활용해볼 수 있습니다(내용을 녹음하거나 천천히 차분한 목소리로 누군가가 읽어주어도 됩니다.).

이제 호흡을 하면서 이완 상태에 도달했습니다. 깊게 호흡하면서 계속해서 근육의 이완을 느껴보세요. 숨을 내쉴 때마다 당신의 몸은 이완되고 고요함과 충만함으로 채워진다고 상상해보세요. 계속 호흡하고 계속 이완하세요. 당신이 떠올릴 수 있는 가장 평화로운 장소에 대한 이미지를 만들어보세요… 지금 이곳은 당신이 원하는 '무엇' 혹은 '어디'든 될 수 있습니다. 그곳에 고요함, 안전함, 환희 등의 감정을 불어넣으세요. 그곳의 주변을 살펴보십시오. 무엇이 보이나요. 가까이에 있거나 멀리 떨어져 있는 것 모두에 주목해보세요. 당신은 지금 집 안 혹은 집 밖에 있을 수 있습니다. 그곳은 당신이 만들어낸 장소이기는 합니다만 당신이 좋아하는 곳입니다. 소리, 냄새, 맛이 있다면 거기에 주목하세요. 온도도 느껴보세요. 따뜻할 수도 있고 추울 수도 있습니다. 단지 계속 숨을 들이마시고 이완하되 당신의 안식처를 상상해보세요. 이 평화로운 곳에서 당신의 몸이 얼마나 좋은지 느껴보세요. 이완되고 편안하고 걱정도 고통도 없습니다. 당신은 혼자 있을 수도 있고 혹은 누군가와 함께일 수도 있습니다. 이곳은 당신의 세상이며 안식처이자

*평온의 장소입니다. 호흡을 계속하고 주변을 만끽하며 당신이 만들어낸 이
곳을 마음껏 즐겨보세요… 당신이 만들어낸 이 파라다이스를 다시 한 번 둘
러보고 언제고 원하면 다시 올 수 있는 당신만의 장소임을 잊지 마세요. 언
제 어디서고 당신의 안식처는 당신을 기다립니다. 계속해서 숨을 들이마시
고 이완합니다… 셋을 세면 손가락, 발가락을 움직이기 시작합니다. 당신의
안식처에 작별을 고하고 그렇지만 언제든 원하면 돌아올 수 있음을 다시 한
번 기억하세요. 하나…둘…셋……*

## 항불안제

불안 감소를 위한 효과적인 많은 약물들이 있습니다. 그리고 그 종류도 다
양하여 경증에 쓸 수 있는 약, 지연성 제제, 속효성 제제, 진정효과가 있는
약물 등이 있습니다. 어떤 약물은 필요시에만 복용할 수 있는 것도 있으며,
또 다른 약물은 매일 복용해야 하는 것도 있습니다. 최선의 약은 환자 개개
인의 증상에 따라 결정되게 됩니다. 만약 당신이 항불안제 복용에 관심이
있다면 더 많은 정보를 위해 치료를 담당하고 있는 의료인과 상의하세요.
이미 여러 가지 약물을 복용 중에 있다면 약물 상호작용과 안전성에 대해
반드시 문의하도록 하세요. Zoloft®, Paxil®, Celexa®, Effexor®와 같은 매일
복용해야 하는 항우울제가 항불안제로도 널리 사용되는 효과적인 약제라는
것도 기억하세요. 중요한 것은 어떤 약을 처방받았으며 그것을 매일 복용해
야만 하는지 확인하는 것입니다.

## 정신치료 또는 상담

개인 또는 그룹 정신치료 또한 불안 증상 감소에 도움이 되는 치료법입니
다. 정신치료는 불안의 원인과 해결 방법을 찾는 데 도움을 줍니다. 또한
다른 사람들과 두려움을 공유하고 충고와 지지를 얻는 데 유용합니다.

많은 정신치료 요법들이 불안 감소에 도움이 되는 것으로 알려져 있지만,

인지행동치료(CBT)는 가장 효과적인 치료법으로 증명된 요법입니다. 불안 치료를 위한 인지행동치료에도 많은 변형된 요법이 있지만, 거의 대부분은 호흡법, 주요 근육 이완법, 문제 해결에 도움이 되는 생각법, 그리고 두려운 상황 혹은 대상에 노출 및 대처하기의 요소를 포함합니다. 우울증에 대한 인지행동치료처럼 불안에 대한 인지행동치료도 일상생활에 통합시킬 수 있는 실질적인 기술들을 습득하게 하는 것입니다. 치료는 보통 5~10회기 정도로 짧게 이루어지지만 필요시 더 길어지거나 짧아질 수 있습니다.

만약 당신이 이 프로그램과 더불어 다른 유형의 상담에 관심이 있다면, 당신의 의료진은 치료 의뢰를 통해 당신에게 도움을 줄 것입니다.

### 사례 : 2부

제프는 수년간 불안이 가속되었고 급기야 도움을 청하였다. 제프의 불안은 정신장애로 진단될 만큼 심각하지는 않았지만, 분명히 그의 걱정은 신체건강에 영향을 미치고 있었으며 삶의 질을 저하시키고 있었다. 그는 의사의 도움을 받아 치료 계획을 수집하였고, 계획에는 걷기와 같은 운동 많이 하기, 카페인 줄이기, 근처 지역 대학의 명상수업 등록하기 등이 포함되었다. 제프는 '마음에서 빠져나오기'위해 노력하였고, 현재에 더 집중하고자 애쓰면서 친구 및 가족들과 더 많은 시간을 보내기 시작했다. 비록 그의 불안이 완전히 사라진 것은 아니었지만, 특별히 자신의 삶을 즐기며 살아가고 있다고 느낀 이후, 이제는 불안과 더불어 살 수 있게 되었다.

## 당신의 정신위생 프로그램

지금까지 당신은 정신건강을 더 증진시키고 불안을 감소시키기 위한 여러 가지 연습들을 경험하였습니다. 이제 당신의 일상에 포함될 수 있는 유용한 수행 목록을 작성해야 합니다. 이러한 중재 방법은 일상에서 늘 수행하는 샤워하기나 양치하기와 같은 필수적인 활동으로 생각하는 것이 중요합니다. 좋은 정신건강을 유지하기 위해서는 마음과 영혼의 '보양식'과 같은 활동이 필요한 것입니다. 91쪽에 있는 정신위생 활동 목록을 테스트해 보세요. 당신만을 위한 최종 프로그램을 정하기 전에 여러 다른 종류의 활동들을 시도해보고 싶을 수 있습니다. 또한 이 프로그램이 진행됨에 따라 추가할 새로운 연습을 발견할 수도 있습니다.

## 숙제

✎ "나의 불안 증상" 양식을 작성하세요.

✎ 불안증 치료가 필요한 경우, 치료 계획을 세우세요.

✎ "나의 정신위생 프로그램" 양식의 빈칸을 채우세요.

✎ 횡격막호흡, PMR, 또는 지시적 심상 요법 같은 정신위생 중재 방법을 적어도 하나씩 매일 혹은 할 수 있는 한 자주 수행하세요.

✎ 만약 시간이 허락한다면 이전 회기에서 배운 ABCD 연습, 문제 해결, 또는 즐거운 활동 일정 계획하기와 같은 기술들을 꾸준히 연습하세요.

메모 :

_____

_____

_____

_____

| 해볼만한 정신건강 습관 | 시도하였는가? | 좋았는가? | 효과적이었나? | 계속 할 것인가? |
|---|---|---|---|---|
| 1. 횡격막호흡 | | | | |
| 2. 점진적 근육 이완 | | | | |
| 3. 지시적 심상 요법 | | | | |
| 4. 즐거운 활동 일정 계획하기 | | | | |
| 5. ABCD 연습 | | | | |
| 6. | | | | |
| 7. | | | | |
| 8. | | | | |
| 9. | | | | |
| 10. | | | | |
| 11. | | | | |
| 12. | | | | |
| 13. | | | | |
| 14. | | | | |
| 15. | | | | |
| 16. | | | | |
| 17. | | | | |
| 18. | | | | |
| 19. | | | | |
| 20. | | | | |

# 질병과 기분 : 분노

## 목표

- 분노(화)에 대해 알기
- 분노의 느낌 알아내기
- 분노의 원인을 찾아내기
- 분노를 둘러싼 문제 해결 방법 배우기
- 마음을 편안하게 하는 방법 배우기
- 수용하고 용서하는 방법 배우기

## 분노의 정의

아프다는 건 쉽지도 공평하지도 않습니다. 당신의 인생에서 당신은 고통받을 이유도 힘든 변화를 겪을 이유도 없습니다. 이런 일이 왜 일어났을까요? 왜 당신에게 일어났을까요? 왜 지금 일어났을까요? 이러한 질문이나 유사한 질문들은 질병으로 투병하는 사람들의 공통적인 질문들입니다. 우리는 정의롭고 공정하며 책임감 있고 자신의 행동의 결과를 인정하도록 배워왔습니다. 그러나 때때로 판단의 저울이 균형을 이루지 못하는 것 같고 세상이 공정하고 올바르지 않은 것처럼 느껴지기도 합니다. 당연히 화가 나고 속은 기분이 들 수 있습니다.

분노의 느낌은 여러 방법으로 표출됩니다. 다음의 내용 중 여러분에게 익숙하게 들리는 내용이 있습니까?

- 사소한 일로 가족이나 친구에게 퉁명스럽게 대한다.
- 일상적인 만남들을 회피한다.
- 행복하고 건강한 사람들을 보면 괜히 화가 난다.
- 뭔가 잃어버린 듯하고 종교적인 믿음에 의문이 생긴다.
- 너무 화가 나 속이 뒤틀리는 듯하다.
- 긴장성 두통, 목통증, 허리통증이 있다.
- 부당하다는 생각을 떨쳐버리지 못한다.
- 편히 쉬거나 잠들지 못한다.
- 모든 걸 잊어버리기 위해 술을 마시거나 약을 먹는다.
- 전문적인 치료가 필요하다고 느낀다.
- 전문적인 의료 과정에 대해 화가 나고 비난하게 된다.
- 처방된 약을 복용하지 않거나 의사의 권고를 무시한다.
- 인생이 억울하고 늘 비관적이다.
- 나의 불행이 다른 사람 때문인 것 같다.

사람들은 때때로 화가 납니다. 이는 누구에게나 있는 정상적인 감정입니다. 부당함과 홀대받고 있다고 느낄 때 분노의 감정을 느끼는 것은 자연스러운 반응인 것입니다. 분노는 부당함을 알고 바로잡도록 우리 자신 및 사랑하는 사람들을 보호할 수 있게 합니다. 그러나 중증 질병처럼 인생이 변할 수 있는 사건들이 생기면 감당할 수 없는 큰 분노에 사로잡힐 수 있습니다. 탓할 사람도 없고 명백히 부당하거나 권리의 침해도 없습니다. 설령 부당함이 밝혀지더라도 바로잡거나 심판할 수도 없습니다. 한마디로 중증 질병은 공정함이나 권리에 대해 당신이 가진 기본적인 생각에 의문을 갖게 합니다. 충격적이고 혼란스럽고 두렵고 우울하고 화가 날지도 모릅니다.

다른 감정처럼 분노는 당신의 생각과 행동, 심지어 육체적 건강에도 영향을 줄 수 있고 대인 갈등, 잠 못 드는 밤 그리고 불필요한 고통을 일으킬 수도 있습니다. 이 회기는 당신의 분노를 미리 알아차리고 그에 잘 대처하도록 도와줄 것입니다(*Anger Kills : Seventeen Strategies for Controlling the*

*Hostility that Can Harm Your Health*(Redford · Virginia Williams 저) 또는 *When Anger Hurts : Quieting the Storm Within*(Matthew McKay · Peter Rogers · Judith McKay 저)를 읽어보세요. 또한 추가 정보는 부록을 참조하세요.].

화가 나면 표현, 억제, 또는 완화 세 가지 선택이 있습니다. 건설적 또는 비건설적인 다양한 방법으로 말 혹은 신체적으로 화를 표현할 수 있습니다. 화를 억제하거나 속으로 삭이면서 부루퉁하거나 간접적 혹은 수동-공격적인 방법으로 분노가 표출되지 않도록 할 수도 있습니다. 마지막으로 긴장된 마음과 신체를 진정시키고 화를 나게 하는 상황을 규명하고 이해함으로써 화를 완화시킬 수 있습니다. '마음의 습관'처럼 분노를 어떻게 경험하고 반응하는지 각자의 습관이 있습니다. 어떤 사람은 화가 나면 평생 격하게 표현하고 반면 어떤 사람은 분노는 '나쁜 것'이라고 생각하여 항상 억제하는 습관을 가진 사람도 있습니다.

분노에 대처하는 확실한 방법이 있는 것은 아니지만 다음 단계들로부터 어느 정도 도움을 받을 수 있을 것입니다. 건설적인 표현, 일시적인 억제, 완화, 또는 이 세 가지의 조합이 당신이 처한 상황에 따라 가장 유용한 전략이 될 수 있습니다.


## 1단계 : 분노의 느낌 알아내기

화가 나면서도 화가 났는지 알지 못하는 것처럼 느낌이란 때로 당신이 의식하지 못할 수도 있습니다. 생각과 행동을 관찰하듯 당신의 감정 상태를 알아채기 위해 신체적 감각을 관찰해야 합니다. 화가 나 보인다고 말해주는 친구나 가족, 앞에서 언급된 분노의 '증상', 분노 공상 혹은 판타지 등이 단서가 될 수 있습니다. "나의 분노 습관 작업지"를 이용해 당신이 화가 났을 때 분노를 어떻게 느끼며 그 느낌들을 어떻게 표현하는지 알아내도록 하세요.

1. 화가 났을 때 당신의 징후 혹은 증상은 어떤 것입니까?

   신체적 징후 혹은 증상 : _____

   행동적 징후 혹은 증상 : _____

   정서적 징후 혹은 증상 : _____

   인지적 징후 혹은 증상 : _____

   사회적 징후 혹은 증상 : _____

2. 주위 사람들에 의하면 당신은 분노를 어떻게 표현하나요?

   _____

   _____

3. 화가 나면 분노를 억제하지 않고 느끼는 편인가요? 만약 그렇다면 어떻게 분노를 표현하나요?

   _____

   _____

4. 분노를 억제한다면 어떻게 억제하나요? 분노를 억제하면 어떤 일이 생기나요? 다른 방식으로 표현되나요?

   _____

   _____

5. 당신은 분노를 완화시키는 편인가요? 어떻게 완화시키나요? 효과가 있나요?

   _____

   _____

6. 당신의 분노 습관은 어떻게 생긴 건가요? 가족 중에 비슷한 사람이 있나요?

   _____

   _____

   _____

## 2단계 : 분노의 원인 찾기

사람, 장소, 사건, 또는 어떤 일에 의해 일어난 부당함에 대한 지각을 통상 분노라고 합니다. 분노의 감정이 항상 합리적인 것만은 아닙니다. 느낌은 틀릴 수도 있는 것입니다. 육체적으로 힘든 상황에 있는 사람들이 짜증을 내긴 하지만 꼭 누군가 혹은 무언가를 탓하는 것은 아닙니다. 어떤 사람은 신에게 화가 나고 또 어떤 사람은 자신을 탓하거나 혹은 과거의 나쁜 습관(예 : 흡연)을 탓합니다. 자신이 벌을 받고 있다고 느끼기도 하고 어떤 사람은 유전인자나 환경오염 탓을 하기도 합니다. 때때로 분노란 간단히 고통받고 있다는 표현이기도 합니다. '나는 지금 아프고 두렵고 우울합니다'라고 사람들에게 알리는 방법 중 하나일 수 있는 것입니다.

'문제'가 내적인 고통 때문인지 외적인 불만, 고충(또는 둘 다) 때문인지 알아내는 것이 중요합니다. 이 식별 단계에서는 판단을 유보하세요. 화를 낼 것인지 말 것인지 합리적인지 아닌지에 대해 판단하지 마세요. 단지 왜 화가 나는지만 알아내도록 하세요.

일단 화를 내게 되면 원래 화가 나게 한 원인과는 관련 없는 여러 가지 것들에 쉽게 화를 낼 수 있다는 것을 유념하세요. 화가 나는 순간에 맨 처음 무엇이 당신을 화나게 했는지 알아낼 수 있도록 '충분하게 연습'하세요. 정확한 원인을 알아내면 그 해결 방법 또한 알 수 있습니다. 분노 조절의 모든 단계를 다 읽은 후에 이 회기의 마지막에 나오는 "분노 해결 작업지"를 작성하세요. 이 작업지 양식은 이 책에서 복사하거나, Treatments *That Work*™ 웹사이트(www.oup.com/us/ttw)에서 양식 여러 부를 내려받을 수 있습니다.

## 3단계 : 문제 해결

분노의 감정과 그 원인을 알아낸 다음에는 무엇을 할 것인가를 결정해야 합니다. 모든 문제들이 해결될 수 있고 또한 해결되어야 하는 것은 아니지만, 문제나 분노의 원인이 변화 가능할 것으로 여겨진다면 다음의 문제 해결 단계를 적용해보세요.

1. 문제를 명확하게 하세요.
2. 가능한 유력한 해결책들을 적어보세요.
3. 각각의 장단점을 고려해 한 가지 해결책을 고르세요.

이 회기의 마지막에 있는 "분노 해결 작업지"를 작성했을 때 다음의 질문들은 문제를 명확히 하는 데 도움을 줄 것입니다.

1. 다른 사람이 연관되어 있나요? (제8회기의 의사소통과 갈등 해결 참조)
   a. 그 사람의 잘못인가요? 속죄나 보상이 가능한가요? 공평함이 어떻게 이루어질 수 있을까요? 사과를 받으면 도움이 될까요?
   b. 현재의 사건과 관련된 분노는 얼마만큼이고, 그 사람과의 과거 때문에 증폭된 분노는 어느 정도인가요?
   c. 다른 사람들의 견해는 어떠한가요?
2. 당신의 투병과 연관이 있습니까?
   a. 의료진과의 향상된 의사소통이 과연 도움이 될까요? 가용한 전문적인 도움들을 무시했던 것일까요? (제8회기 참조)
   b. 새로운 증상 혹은 더 나빠진 증상과 관련된 것인가요? (제9회기의 증상 관리 참조)
   c. 당신의 질병에 대한 불확실함과 걱정으로 두려운가요? (제5회기의 불안 관리 참조)
3. 당신의 분노는 주로 내적인 것인가요? (제4회기 참조)
   a. 당신의 생각하는 방식 때문에 화가 나는 것인가요? (제2회기의 사고 유형 및 마음의 습관 참조)
   b. 우울하고 외롭고 절망적이라 화가 나나요? (제4회기의 우울 참조)
   c. 신념 혹은 영적인 힘의 원천을 잃어버리게 되었나요? (제11회기 참조)
4. 당신의 분노는 합리적이고 예측될 수 있는 것인가요?
   a. 지금 정말 짜증이 나나요?
   b. 현 상황을 지극히 개인적으로 받아들이고 있습니까?
   c. 내 생각은 균형 잡혀 있고 공정하며 비판단적인가요?
   d. 이 상황에 대해 제3자는 뭐라고 말할까요?

## 4단계 : 마음을 편안히 하기

때때로 분노의 원인은 직접적으로 파악하기 어렵거나 교정될 수 없는 것일 수 있습니다. 또한 내적으로부터 오는 분노이거나 아주 오래전에 받은 상처 때문일 수도 있습니다. 만약 당신이 세상에 화가 나거나 이미 죽은 누군가에게 화가 난다면, 현실적으로 상황을 바꾸기 위해 할 수 있는 방법은 없습니다. 하지만 당신이 느끼는 방법을 변화시키기 위해 할 수 있는 것들이 있습니다. 해결책이 없는 문제를 풀려고 노력하기보다 그 느낌에 대처해볼 수 있습니다.

다음의 내용들은 당신의 분노를 완화시키는 데 도움이 되는 몇 가지 방법들입니다.

### 마음의 습관에 대한 도전

제2, 3회기에서 배운 것처럼 모든 사람은 사고의 지름길을 가지고 있습니다. 그리고 모든 사람은 때로는 도움이 되고 때로는 불필요한 고통과 괴로움을 야기하기도 하는 마음의 습관을 형성시킵니다. 분노를 느낄 경우 우리는 종종 비판적이고(사람, 장소, 사물이 분류되고 판단되어짐) 유연성이 없으며, 불균형한 측면만 생각하게 됩니다. 좀 더 균형 잡히도록, 그리고 유연하고 비판단적으로 생각하기 위해 변화를 시도하세요. 도움이 되지 않는 생각이나 믿음에 도전하기 위해 ABCD 연습을 이용하세요.

### 기분전환

일단 분노가 시작되면 멈추기 어렵습니다. 분노는 신체에 영향을 미치고 당신의 생각을 사로잡으며 집요하게 상처를 되새기게 합니다. 이 되새김은 상황을 더 악화시키고 분노를 더 깊게 할 뿐입니다. 당신의 마음이 이런 분노에 사로잡혔을 때 독서, 영화감상, 누군가를 집에 초대하기, 예술작품 만들기 또는 글쓰기 등의 기분전환 방법을 이용해보세요. 당신을 집중하게 하는 것을 찾으세요. 당신에게 효과적인 기분전환거리들을 적어봅시다.

1. _____

2. _____

3. _____

## 이완

제5회기의 호흡, 점진적 근육 이완, 지시적 심상 요법을 복습하고 연습하세요. 분노는 긴장을 야기하지만 이완은 긴장과 분노를 가라앉게 함을 명심하세요. 육체적으로 이완된 상태에서는 분노에 사로잡히기 어렵습니다. 또한 이완 연습은 생각의 되새김질에서 벗어날 수 있게 도움을 줄 수 있습니다.

## 긍정적인 것에 집중하기

모두의 삶에 상실과 부당함이 있지만 승리와 감사할 이유 또한 있습니다. 균형을 이루기 위해 의식적으로 노력하는 것이 중요합니다. 이는 적극적이고 의식적으로 긍정적인 면을 인지하고 즐기는 것을 의미합니다. 감사 일기 또는 감사 목록을 적는 것을 시작해보세요. 인생 성공, 행복한 기억 등 '승리' 목록을 작성해보고 싶을 수도 있습니다. 제10회기와 제11회기에서 이러한 전략들에 대해 더 많이 배울 것입니다.

## 다른 사람을 돕기

때로 당신의 경험과 지혜가 고통과 슬픔에 빠진 사람들을 도울 수 있습니다. 자원봉사하기, 도움을 필요로 하는 친구에게 전화하기, 혹은 영감을 줄 수 있는 당신의 경험에 대하여 글쓰기 등을 대해 고려해보세요. 어떤 일을 할 수 있을까요?

## 건강 증진

때때로 운동과 식단 개선은 정신적으로나 신체적으로나 기분이 나아지게 할 수 있습니다. 기분이 좋아지는 건강한 음식을 먹거나 운동하면서 화를 풀도록 해보세요(자세한 것은 주치의와 상의하세요.).

## 약물치료

어떤 약물은 스트레스, 불안, 우울 그리고 분노를 완화시키는 데 도움이 됩니다. 만약 당신이 원하고 또한 가능한 상황이라면 약물치료에 대해 당신의 주치의와 상의하세요.

## 지지 구하기

때때로 당신의 분노에 대하여 다른 사람에게 이야기하는 것만으로도 도움이 될 수 있습니다. 당신이 어떻게 느끼는지 들어달라고 사람들에게 말하세요. 분노에 대해 이야기한다고 해서 분노가 커지거나 세밀해지지 않습니다. '강한' 분노의 감정을 공유하고 반드시 그 내면에 깔린 상처받기 쉬운 감정 또한 공유하세요. 당신의 이야기를 듣는 사람이 당신의 분노를 완벽히 이해하고 유용한 지지를 제공하는 것은 어렵습니다. 내면에 깔린 감정을 강조하는 것이 훨씬 쉽습니다(제7회기의 지지 구하기 참조).

# 5단계 : 수용하고 용서하기

때로는 단지 내려놓고 앞으로 나아가는 것이 가장 건설적인 대처법입니다. 상황을 수용하거나 부당함을 용서하는 것이 후퇴, 체념, 포기를 의미하는 것은 아닙니다. 잊는다는 것도 아닙니다. 약함이나 소극적이라는 것도 아닙니다. 수용하고 용서하는 것은 가장 어렵지만 할 수 있는 가장 강한 것입니다.

## 수용하고 내려놓기

당신은 아마도 유명한 '평온을 비는 기도'를 들어보셨을 것입니다. "하느님, 제가 바꿀 수 없는 것은 받아들이는 평온을, 바꿀 수 있는 것은 바꾸는 용기를 또한 그 차이를 구별하는 지혜를 주옵소서." 아무리 열심히 노력해도 우리는 모든 것을 통제하거나 바꿀 수 없는 것이 사실입니다. 당신의 질병을 사라지게 할 수도, 시간을 되돌릴 수도, 과거의 실수를 지워버릴 수도 없습니다. 단지 이 상황을 있는 그대로 받아들이고 그와 함께 인생을 살아갈 수 있는 것입니다. 문제를 변화시킬 수는 없지만 어떻게 받아들일 것인지는 변화시킬 수 있습니다. 때론 어떤 것도 이 상황을 나아지게 할 수 없다는 것을 받아들이면 훨씬 기분이 좋아지기도 합니다.

수용한다는 것은 바뀔 수 없는 상황을 변화시키고자 하는 시도를 단지 내려놓는다는 의미일 수 있습니다. 다음은 내려놓기의 과정에 도움이 되는 내용들입니다.

- 우리가 아무리 사랑하는 사람일지라도 그 사람을 통제할 만큼 강하지 않습니다.
- 모든 사람은 실수를 하고 그 실수로부터 배웁니다.
- 때론 고통이 없으면 배움 또한 없습니다.
- 아주 강한 사람일지라도 때론 무기력합니다.
- 다른 사람을 탓할 수는 있지만 그것을 인정하도록 강요할 수는 없습니다.
- 때론 우리가 절대 이해할 수 없는 일들이 일어나곤 합니다.
- 사람과 관계는 좋든 나쁘든 함께합니다.
- 나는 당신이 될 수 없고 당신은 내가 될 수 없습니다.
- 건강에 영향을 줄 수는 있지만 통제할 수는 없습니다. 아무리 발달된 기계일지라도 고장이 나고 고칠 수 없기도 합니다.
- 과거를 후회하는 것은 현재에 감사하고 미래를 꿈꾸는 것을 방해합니다.
- 누군가가 변했으면 한다면, 당신이 먼저 변하는 것이 시작입니다.
- 좋은 사람도 때론 나쁜 일을 합니다. 우리 모두는 때때로 죄의식을 가지고 있습니다.
- 때때로 내려놓는다는 것은 미지의 것에 대한 두려움을 받아들이고, 믿음과 신념을 기억하는 것을 의미합니다.

## 용서

용서란 과거의 상처를 단지 내려놓는 것을 의미합니다. 그리고 난 뒤에야 당신은 당신의 제한된 에너지를 다른 곳에 쏟아부을 수 있는 것입니다. 용서할 줄 아는 사람이 더 많은 것을 얻을 수 있습니다. 당신 자신이나 다른 사람의 실수를 용서하세요. 어느 쪽이든 용서란 선택(분노를 해소하고 앞으로 나아가기 위한 선택)과 함께 시작됩니다. 용서란 진행형이라는 것을 잊지 마세요. 다음은 용서의 단계입니다.

1단계 : 당신이 받은 모욕, 상처, 혹은 폭력이 어떤 것이었는지 알아내세요. 이는 균형 잡힌 사고를 하고자 노력하고, 주어진 상황에서 자신의 역할을 다하는 것을 포함하는 것입니다.

2단계 : 결과를 인정하세요. 이것은 질병이나 상처가 영구적이고 그에 대처하는 것이 당신의 몫임을 받아들이는 것입니다. 비록 눈에 보이는 상처가 이미 치유가 되었더라도, 당신이 여전히 분노하고 있고 변해있다면 상처는 지속될 것입니다. 받아들이세요. 이제 그 상처는 당신의 일부입니다.

3단계 : 책임 소재를 명확히 하세요. 누군가 또는 무엇인가가 위해를 초래한 것에 대한 책임이 있습니다. 당신에게 책임이 있거나 혹은 그 누구에게도 책임이 없다는 것을 발견할 수도 있습니다.

4단계 : 판단의 저울의 균형을 맞추세요. 당신은 가망 없고 무기력한 희생자가 아닙니다. 가능하다면 문제를 바로잡기 위해 무언가 해보세요(이번 회기의 3단계(문제 해결)를 참조하거나, 제8회기의 갈등 해결 참조).

5단계 : 기꺼이 용서하거나 혹은 원한을 놓아버리세요. 책임 당사자를 불쌍히 여기세요. 그 사람은 지금 무슨 생각을 하고 무엇을 느끼고 있을까요? 성장 과정은 어땠을까요? 어떻게 상처를 입었고 지금은 어떻게 상처받고 있을까요? 계속해서 화를 내면서 그 사람은, 또 당신은 얼마나 힘이 듭니까? 이 단계는 변명을 하자는 것이 아니라 어떤 일이 왜 일어났는지에 대해 좀 더 잘 이해하고자 하는 것입니다.

이제 준비가 되었다면, 이 장의 마지막에 있는 "수용과 용서 작업지"로 넘어가세요. 이 작업지 양식은 이 책에서 복사하거나, Treatments *That Work*™ 웹사이트(www.oup.com/us/ttw)에서 양식 여러 부를 내려받을 수 있습니다. 이제 이 시점에서 인간관계 갈등 혹은 갈등 해결이 필요한 영역이 어떤 것인지 알아내야 합니다. 뒷부분의 회기에서는 갈등 해결에 대해 알아볼 것입니다. 용서의 과정에 대해 좀 더 알고자 한다면 다음의 도서를 참고하세요.

*Forgiving the Unforgivable : Overcoming the Bitter Legacy of Intimate Wounds*, Beverly Flanigan 저

용서, Fred Luskin 저.

1단계 : 분노의 느낌 알아내기

지금 당신이 느끼는 기분을 써보세요(분노, 격노, 짜증, 좌절, 경멸 등).

_____

_____

증상과 징후는 무엇인가요?

생리적 : _____

인지적 : _____

정서적 : _____

행동적 : _____

사회적 : _____

2단계 : 분노의 원인 찾기

1. 무엇이 당신을 화나게 했나요? 그것이 사람, 장소, 사물, 사건, 혹은 어떤 생각인가요?

_____

2. 화가 나기 바로 전에 무슨 일이 있었나요? 무슨 생각이 들었나요?

_____

3. 누구에게 화가 났나요? 그 사람은 당신이 화가 난 걸 아나요?

_____

4. 불공평, 부당한가요? 무엇이 잘못된 건가요?

_____

_____

5. 슬퍼서 화가 나는 건가요? 아니면 비통해서? 몸이 아파서? 질병이 있어서? 이 분노는 당신이
   고통받고 있다는 표현인가요?

---

---

### 3단계 : 문제 해결
지금의 이 문제 혹은 상황은 바뀔 수 있는 건가요?_____

만약 그렇다면 제3회기의 문제 해결 단계를 따라해보세요. 가능한 해결책 목록을 적고 장점과
단점을 나열한 후 당신만의 해결책을 실행해보세요.

만약 바꿀 수 있는 문제나 상황이 아니라면 4단계로 넘어가세요.

### 4단계 : 마음을 편안히 하기
마음을 편안하게 하기 위해 시도하고자 하는 방법들을 적어보세요. 반드시 규칙적으로 연습하
세요.

1. _____

2. _____

3. _____

### 5단계 : 수용하고 용서하기
당신의 분노를 조절하기 위해서 누군가를 용서하거나 바뀔 수 없는 상황을 받아들이는 것이 필
요한가요?

---

---

---

만약 그렇다면 "수용과 용서 작업지"를 보세요.

---

---

---

---

1단계 : 당신이 받은 모욕, 상처, 혹은 폭력이 어떤 것이었는지 알아내세요.

_____

_____

_____

2단계 : 결과를 인정하세요. 질병이나 상처가 영구적이며 그에 대처하는 것은 당신의 몫임을 받아들이세요.

_____

_____

_____

3단계 : 책임 소재를 명확히 하세요. 그 누구에게도 책임이 없다는 것을 발견할 수도 있습니다.

_____

_____

_____

4단계 : 판단의 저울의 균형을 맞추세요. 가능하다면 문제를 바로잡기 위해 무언가 해보세요.

_____

_____

_____

5단계 : 기꺼이 용서하거나 혹은 원한을 놓아버리세요. 책임 당사자를 불쌍히 여기세요.

_____

_____

_____

_____

## 삶의 마지막 시기에서 화해의 중요성

많은 사람들은 삶의 마지막 시기에 수용과 용서가 특히 중요하다고 믿습니다. 대부분의 시간을 일과 돈 혹은 일상의 스트레스에 시달렸다고 하더라도, 결국 가장 중요한 것은 인간관계인 것입니다. 만약 계속되는 갈등 혹은 해결되지 않은 의견차가 있다면, 아직 시간이 있을 때 화해하고자 노력하는 것이 중요할지도 모릅니다. (갑작스럽고 예상치 못한 죽음과 대조적으로) 만성질환을 가지고 있다는 것의 '장점'은 인생을 '정리'할 수 있는 시간이 있다는 점일 것입니다. 이는 스스로를 용서하거나 다른 사람을 용서하고 사랑과 감사를 충분히 표현하는 것을 포함합니다. 설령 질병으로 인해 더 이상 신체가 건강하지 못할지라도, 당신의 마음을 튼튼하게 할 수는 있을 것입니다.

## 숙제

✎ "나의 분노 습관 작업지"를 작성하세요.

✎ "분노 해결 작업지"를 활용하여 분노 조절 5단계를 연습하세요.

✎ "수용과 용서 작업지"를 통해 반성의 시간을 가져보세요.

✎ 필요에 따라 이완 혹은 다른 해소 방법들을 지속적으로 수행하세요.

메모 :

_____

_____

_____

_____

# 제3부

# 사회적 지지

# 사회적 지지망

## 목표

- 지지의 여러 유형에 대해 배우기
- 내 지지망을 알기
- 내 지지망을 평가하기
- 지지가 필요하다고 표현하는 법을 배우기
- 내게 도움 주는 사람들을 돌보기

## 사회적 지지의 정의와 유형

당신의 사회적 지지망이란 당신이 필요할 때 당신을 도와줄 수 있는 사람들을 말합니다. 사회적 지지는 우리 모두에게 필요하고, 특히 아플 때에는 더욱 필요합니다. 지지는 멀리서 해줄 수도 있고 직접 만나 해줄 수도 있습니다. 지속적으로 지지하는 경우도 있고, 한 번의 지지로 끝나는 경우도 있습니다. 지지에는 여러 유형이 있습니다.

정서적 지지는 당신이 보살핌을 받고 이해받고 지지받고 있다고 느끼게 하는 말과 행동을 포함합니다. 예를 들면 친절한 말, 함께 울어주는 것, 손을 잡아주는 것입니다.

정보적 지지는 특정 상황에 대처하는 법에 대한 제안이나 조언, 정보, 문제 해결을 포함합니다.

실질적 지지는 약속 장소까지 당신을 차로 데려다 주거나 당신을 위해 빨래를 하는 것 같은 실제적 행동일 수 있습니다. 또 돈 같은 자원이나 실용적인 물건을 주는 것일 수도 있습니다.

## 지지하고 지지받기

우리는 모두 살면서 다양한 방식으로 서로 지지하고 지지받습니다. 아프면 각 유형의 지지가 많이 필요할 수 있습니다. 아프면 때로는 친구나 지지를 잃기도 합니다. 또 사랑하는 사람들과의 사이에서 갈등과 오해가 많이 생길 수도 있습니다. 환자는 특정 유형의 지지를 필요로 하거나 기대하는데, 실제로는 다른 유형의 지지를 받을 때 갈등이 일어나는 경우가 많습니다. 예를 들어, 진료를 받고 돌아오는 환자에게 정말 필요한 것은 감정을 표현하고 정서적 지지를 받는 것입니다. 그런데 환자의 가족 중 한 명은 조언을 하고 문제를 해결하려고 하기 시작합니다(즉, 정서적 지지 대신 정보적 지지를 합니다). 그러면 환자는 자신이 이해받지도, 지지받지도 못한다고 느끼고, 가족은 뭐가 잘못됐는지 의아해합니다. 이 경우에는 두 사람 모두에게 책임이 있습니다. 환자는 무엇이 필요한지 더 분명히 말했어야 했고, 환자의 가족은 무작정 조언을 하는 대신 무엇이 필요한지 물었어야 합니다.

또 하나의 흔한 문제는 환자를 돌보는 사람이 지쳐 '자애심이 줄어드는 것'입니다. 오랫동안 힘든 간병을 하는 사람들은 가끔 화나 짜증이 날 수 있습니다. 그리고 결국 자신의 부정적인 느낌에 죄책감을 느끼는데, 이로 인해 더 스트레스를 받습니다. 이들은 사랑하는 사람의 필요를 모두 충족시켜 주고 돕고 싶어 합니다. 하지만 이들도 사람이기에 할 수 있는 것에 한계가 있습니다. 당신이 무엇이 필요한지 인식하고 표현해야 하는 것처럼, 당신을 돌보는 사람들도 돌보는 사람으로서 필요한 것에 대응해야 합니다. 이들에게는 며칠 쉬는 날이나 일시적인 위탁이 필요할 수 있고, 다른 사람들이 '교대로' 당신을 돕도록 일정을 짜는 것이 필요할 수도 있습니다. 이 장 끝에서는 병간호하는 사람을 위한 다른 방안들을 소개합니다.

## 사회적 지지망

의료진, 이웃, 애완동물이나 지지해줄 가능성이 있는 다른 사람들을 포함해 당신의 사회적 지지망 속 사람들을 떠올려보세요. "나의 사회적 지지망 도표"에 이 사람들의 이름을 쓰세요. 각 사람이 당신과 얼마나 가까운지에 따라 더 가까운 사람은 가운데에 있는 "나"와 더 가까운 위치에 쓰시되, 각 사람이 정서적, 정보적, 실질적 지지 중 어떤 유형의 지지를 할 수 있느냐에 따라 해당 부분에 쓰세요. 어떤 사람이 여러 유형의 지지를 할 수 있으면, 그 사람의 이름을 한 번 이상 쓰세요. 그러면 누가 당신에게 필요한 것을 줄 수 있을지를 알 것입니다.

당신의 사회적 지지망을 평가한 뒤, 지지자 목록을 늘려야 한다는 것을 깨달을 수도 있습니다. 지지와 지지자의 유형은 아주 다양할 수 있습니다. 다음은 우리가 때로 생각하지 않는 지지의 원천입니다.

- 종교나 영성
- 영감을 주는 책이나 글
- 영화나 텔레비전 프로그램
- 애완동물
- 기억
- 이웃
- 음악
- 자연이나 야외
- 공동체 지지 모임
- 온라인 채팅방과 채팅 모임
- 사회복지사
- 의료인
- 의학 소식지
- 자원봉사 모임과 지지자
- 예술
- _____
- _____

각 부분에 그 유형의 지지를 하는 사람들의 이름을 쓰세요. 그 사람이 당신과 얼마나 가깝냐에 따라 "나"에서 더 가깝거나 더 먼 위치에 각 이름을 쓰세요.

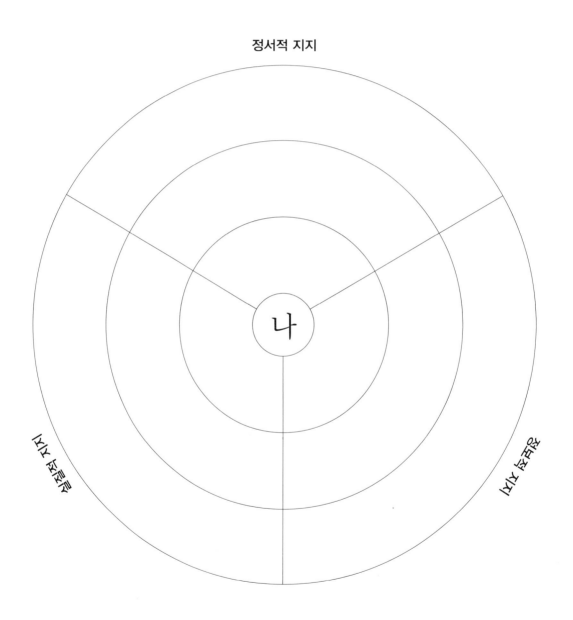

다음 질문에 답함으로써 당신의 사회적 지지망을 평가하세요.

1. 지금 당신을 지지하는 사람들은 당신의 필요를 얼마나 충족시키나요?

_____

_____

2. 지금 당신이 받는 전반적인 사회적 지지에 점수를 매긴다면 몇 점인가요?

_____

_____

3. 무엇이 빠진 것 같나요?

_____

_____

4. 어떤 지지에 감사하나요?

_____

_____

5. 당신의 목록에 새로운 사람들을 추가할 필요성을 느끼나요?

_____

_____

6. 당신을 지지하는 사람들과 더 가까워지기를 바라나요? 누구와 더 가까워지고 싶은가요?

_____

_____

_____

앞의 빈 곳에 당신의 아이디어를 몇 개 추가해 쓰세요. 이런 지지의 원천에서 어떻게 더 도움을 받을 수 있을지 생각해보세요.

당신의 지지 도표를 평가한 뒤, 당신을 지지하는 사람들의 수는 충분하지만 '가까운 사람'은 너무 적다는 것을 깨달을 수도 있습니다. 가장 가까워지고 싶은 사람들을 고르세요. 어떻게 하면 이 사람들과 가까워질 수 있을까요? 서로 더 가까워지고 싶은 마음과 함께하는 시간이 핵심이라는 것을 기억하세요. 그 사람들을 더 잘 알고 싶다는 마음을 어떻게 표현할 수 있을까요? 무엇이 유용한 첫 단계일까요? 친해지려면 시간이 걸리고, 모두가 친해지고 싶어 하거나 친해질 수는 없다는 것을 기억하세요. 아래에 가장 중요한 사람 1명과 가까워지기 위한 핵심 방안 몇 개를 쓰세요.

이름 : _____

가까워지기 위한 방안 : _____

_____

_____


## 지지가 필요하다고 표현하기

스트레스를 받을 때에는 필요한 지지를 받기 위해 자신을 표현할 수 있어야 합니다. 감정을 표현해야 할 수도 있고, 포옹이 필요할 수도 있고, 돈이 필요할 수도 있습니다. 누군가에게 신체적 통증이나 호흡 곤란에 대해 알려야 할 수도 있습니다. 무엇이 필요하든 다음과 같이 하는 것이 중요합니다.

1. 도움의 필요성과 필요한 도움의 유형을 알기
2. 자신이 도움받을 자격이 있다고 믿기
3. 필요를 표현하고 도움받는 것이 유익하다고 믿기
4. 가장 적합한 사람에게 도와달라고 적극적으로 부탁하기
5. 도움을 고맙게 받기
6. 나를 도와주는 사람들을 돌보기

이 단계들을 살펴본 뒤, 지지에 대한 생각을 무엇이든 이 장 끝에 있는 "사회적 지지에 대한 내 생각 작업지"에 쓰세요. 도움을 더 필요로 하는 것에 대해 주저하거나 걱정하고 의심하는 경우가 많습니다. 그저 모든 과도기는 처음에는 힘들다는 것을 기억하세요. 때로는 받아들이고 마음을 여는 것이 앞으로 나아가는 데 도움이 될 수 있습니다. 필요하다면 생각의 균형 잡기나 ABCD 기법을 이용해 이 생각들을 더 유익한 생각들로 다시 쓰세요.

### 1단계 : 도움의 필요성과 필요한 도움의 유형을 알기

상황에 따라 당신은 세 가지(정서적, 정보적, 실질적) 유형의 지지가 모두 필요할지도 모릅니다. 또 1명 이상의 사람에게 도움을 받아야 할 수도 있습니다. 무엇이 언제 필요하고 누가 도움을 주기에 가장 알맞은지 알아내세요.

### 2단계 : 자신이 도움받을 자격이 있다고 믿기

그 누구도 혼자 고통받고 고군분투해야 마땅한 사람은 없습니다. 당신은 다른 사람들에게 자애를 베풀 것이고, 당신도 그만큼 자애로운 도움을 받을 자격이 있습니다. 자신에게 자애심을 가지고 다른 사람들에게 도움을 받으세요. 당신은 도움받을 자격이 있습니다. 다른 사람들도 사랑을 표현하고 자신이 도움이 된다고 느낄 기회를 가질 자격이 있습니다. 이것은 부담이 되는 것이 아니라, 험난한 길이라도 우리의 인생길을 함께하는 것입니다.

### 3단계 : 필요를 표현하고 도움받는 것이 유익하다고 믿기

이 단계에서는 희망이 중요합니다. 치료될 것이라는 희망이 아니라 도움을 구하고 받으면 기분이 달라질 것이라는 희망입니다. 아프거나 통증이 있으면 희망을 갖기가 힘듭니다. 당신은 모든 것을 시도해봤다고 생각할 수 있습니다. 도움을 구해도 소용없어 보일지도 모릅니다. 회의적인 것은 괜찮지만 처음부터 다시 시도해보세요. 다만 이번에는 신중히 각 단계를 밟으며 필요한 도움을 더 많이 받을 수 있는지 살펴보세요. 사실 누구에게, 언제, 어떻게, 무엇을 부탁할지 신중히 정한다면 도움받을 가능성이 훨씬 더 높을 것입니다. 매번 도움받지는 못할 수도 있지만 시도해볼 가치가 확실히 있습니다. 누군가에게 도움을 구했지만 거절당한다면 다른 사람에게 부탁하세요.

## 4단계 : 가장 적합한 사람에게 도와달라고 적극적으로 부탁하기

이 단계에서는 당신을 지지하는 사람들과 그들의 장점을 알아야 합니다. 그리고 효과적으로 소통하는 법을 알아야 합니다. 당신의 '사회적 지지망 도표'를 떠올려보세요. 누가 그 도표에 있었나요? 그 사람들의 특별한 장점은 무엇인가요? 당신에게 필요한 지지 유형을 안 뒤, 당신의 목록에 있는 사람들 중 누가 그 지지를 제공할 수 있는지 생각하세요. 누구에게 부탁할지 정했다면 어떻게 부탁하나요? 가능하다면 그 사람이 당신의 부탁을 고려하고 대답할 수 있는 시간을 주세요. 2단계를 기억하세요. 당신은 도움받을 자격이 있습니다!

## 5단계 : 도움을 고맙게 받기

도움을 받을 때에는 도와주는 사람과 당신 자신에게 자애로운 것이 중요합니다. 때로는 도움을 받아들이는 것이 어려울 수 있는데, 특히 누군가에게 늘 도움받고 있다고 느낀다면 그렇습니다. 상황이 변했다는 것을 받아들이기가 매우 힘들 수도 있습니다. 그 누구도 더 많은 제약을 받거나 무언가를 할 수 있는 능력이 줄어드는 것을 원치 않습니다. 하지만 그것은 피할 수 없을지도 모릅니다. 당신은 몸과 마음이 허락하는 만큼만 할 수 있습니다.

당신을 사랑하는 사람들은 사랑을 표현할 수 있어야 합니다. 그 사람들도 무력감을 느낄 수 있습니다. 그들은 자신이 할 수 있는 게 있다고 느껴야 합니다. 그리고 당신이 그들을 지지해주었던 것처럼 그들도 당신을 지지해줄 필요가 있습니다. 당신의 병으로 인해 그 사람들도 힘들고 외부의 지지를 받아야 할 수도 있습니다. 그러나 그들도 당신에게 도움을 주어야 합니다.

## 6단계 : 나를 도와주는 사람들을 돌보기

아프다고 해서 당신이 사랑하는 사람들을 지지할 수 없는 것은 아닙니다. 당신은 현재 누구에게 도움을 주나요? 어떤 유형의 지지를 제공하나요? 당신의 장점은 무엇인가요? 너무 많이 줘서 진이 빠지나요? 너무 적게 줘서 도움이 못 된다고 느끼나요? 어려움에 처한 사람으로서 당신은 무엇을 도울 수 있을까요?

당신은 당신을 돌보는 사람[이하 '보호자(caregiver)']을 다음과 같은 방법으로 보살필 수 있습니다.

1. 보호자에게 휴가를 주세요. 다른 사람들에게 잠시 대신 당신을 돌봐달라고 부탁하세요.

2. 보호자에게 자신을 위해 지지를 받도록 권하세요. 보호자 지지 모임에 드는 것 등의 방법이 있습니다.

3. 보호자들의 보살핌과 사랑이 당신에게 얼마나 소중한지 그들에게 알려주세요.

4. 가능하면 1명 이상에게서 보살핌을 받으세요. 일을 나눠 하면 더 쉽습니다. 돌봄 일정을 짜는 것을 고려해보세요. 즉, 사람들은 당신이 도움이 필요한 기간이나 '교대' 기간에 도울 수 있다고 달력에 표시할 수 있습니다.

5. 공동체에서 보호자에게 도움을 줄 수 있는 것에 대해 의사나 간호사, 사회복지사에게 물어보세요. 또는 보호자에게 도움되는 것이 있는지 온라인에서 찾아보세요(부록 참조).

6. 당신이 줄 수 있는 도움을 보호자에게 주세요. 예를 들면 돈, 애정, 웃음을 주거나 고마움을 표현할 수 있습니다.

7. 보호자가 체계적이고 정보를 잘 알고 있도록 도우세요. 예를 들어 진료에 보호자와 함께 가거나, 보호자가 간호사와 이야기할 수 있게 하거나, 당신의 의료나 지지와 관련된 중요한 사람들이나 진료 기록을 보호자에게 알려주세요.

8. 좋은 시간을 즐기세요. 옛 이야기나 사진, 음악, 당신을 더 편했던 시절로 돌아가게 하는 것을 공유하세요.

9. 음악 감상, 식사나 영화 관람 같은 즐거운 활동을 함께할 약속을 잡으세요.

이제 당신이 당신을 돕는 사람들을 돌볼 수 있는 방법을 몇 개 적으세요. 구체적이되 현실적인 방법이어야 합니다. 이 방법들을 언제 어디서 실행할지도 적으세요.

| 보살핌 계획 | 누구와 | 언제 | 어디서 |
|---|---|---|---|
|  |  |  |  |
|  |  |  |  |
|  |  |  |  |
|  |  |  |  |

## 숙제

✎ "나의 사회적 지지망 도표"를 작성하세요.

✎ 당신의 사회적 지지망을 평가하고 개선해야 할 영역을 알아내세요.

✎ "사회적 지지에 대한 내 생각 작업지"를 작성하세요.

✎ 필요에 따라 새로운 도움을 구하거나 주세요.

✎ 기분 조절 그리고/또는 이완 전략을 계속 쓰세요.

메모 :

_____

_____

_____

_____

도움받을 자격이 있는가에 대한 생각 :

내 의료비는 엄청나게 많이 들어.
더 이상 부탁할 수는 없어.

새로운 유익한 생각 :

난 그 사람들을 위해서 똑같이, 더 할 거야.
받아도 괜찮아.

도움을 받을 수 있을지에 대한 생각 :

난 전에도 부탁한 적이 있어.
난 거절당할 거야.

새로운 유익한 생각 :

난 아마 부적절한 때 부적절한 사람에게 부탁했는지도
몰라. 다시 시도할 가치가 있어.

도움의 효과에 대한 생각 :

아무도, 아무것도 도와줄 수 없어.

새로운 유익한 생각 :

그 사람들이 날 치료할 수는 없다고 해도, 우린 함께 즐
거운 시간을 보낼 수 있어.

도움을 받는 것에 대한 생각 :

난 받는 사람이 아니라 주는 사람인데, 너무 많은 도움이
필요한 것 같아!

새로운 유익한 생각 :

때로는 다른 사람들에게 우리를 돌볼 기회를 주는 것이
그들에게 선물일 수 있어.

# 의사소통과 갈등 해결

## 목표

- 원활한 의사소통의 중요성을 알기
- 적극적인 경청 기술을 배우기
- 자신을 효과적으로 표현하는 법을 배우기
- 갈등 해결에 대해 배우기
- 돈독한 관계를 위해 소중한 시간을 함께하는 것의 중요성을 알기
- 의료 서비스를 최대한 활용하기

## 원활한 의사소통의 중요성

관계는 자동차와 같습니다. 둘 다 정기적인 관리가 필요하고, 관리하지 않으면 문제가 생기기 시작하고 망가집니다. 언제나 조금씩 조정해야 하고 때로는 대대적인 점검을 해야 합니다. 두 사람의 관계에서 한 사람이나 둘 모두가 아프다면, 정기적으로 관계를 관리하는 것은 더욱 중요합니다. '관계 관리'에는 거의 늘 분명하고 솔직한 소통이 필요합니다. 소중한 시간을 함께하는 것도 관계를 강화하는 중요한 요소입니다.

우리는 말하고 듣는 능력을 갖고 태어나지만, 의사소통은 어떤 이들에 따르면 평생 연습해야 하는 후천적 기술입니다. 의사소통은 질병, 돈, 종교,

성처럼 강한 감정이 얽힌 문제를 다룰 때 특히 힘듭니다. 그리고 우리 각각은 어떻게, 언제, 무엇을 소통하느냐에 대해 서로 다른 가풍과 문화적 전통을 갖고 있기 때문에 문제는 더 복잡해집니다. 관계에서는 나는 상대방의, 상대방은 나의 '언어를 말하는' 것을 배워야 하는 경우가 많습니다. 원활한 의사소통에는 말하는 사람과 듣는 사람 모두의 노력이 필요합니다.

**원활한 의사소통을 위한 조언**

1. 협력과 평등의 태도를 가지세요. 당신과 상대방은 서로 의견이 다를 수 있지만, 두 사람 모두 이해받을 가치가 있는 관점을 가진 소중한 사람입니다.

2. 당신과 상대방 모두 대화할 준비가 되었고 다른 급한 일이 없는 시간을 고르세요.

3. 상대방이 앞에 있을 때 모든 문제에 대해 이야기하고 싶을 수 있지만, 당면한 문제에 대해서만 대화하세요. 다른 문제나 갈등에 대해서는 다음에 이야기하세요. 과거를 끌어들이지 마세요. 우리 모두는 과거를 다르게 기억하니까요.

4. 당신의 관점을 이야기한 뒤, 상대방이 무엇을 해주기를 바라는지 정확히 말하세요.

5. 그 사람이 왜 이것을 해줬으면 하고 그것이 당신에게 얼마나 중요한지 분명한 이유를 밝히세요.

6. 상대방이 당신의 부탁이나 당면한 문제를 이해했는지 확인하세요. 예를 들어 당신은 이렇게 말할 수 있습니다. "네가 뭘 해주길 바라는지 내가 제대로 표현했는지 알고 싶어서 그러는데, 방금 들은 걸 말해주겠니?"

7. 상대방에게서 분명한 대답을 듣고, 당신이 상대방을 이해했는지 다시 확인하세요. 예를 들면 이렇게 말할 수 있습니다. "좋아. 우린 똑같이 이해한 것 같아. 그럼 넌 뭘 해줄 수 있니? …… 내가 제대로 들었다면 넌 이걸 하겠다고 했는데 맞니?"

8. 상대방의 대답이 당신이 바랐던 것이면, 감사 등 당신의 느낌을 표현하세요. 그리고 상대방의 대답을 실천할 다음 단계를 생각하세요.

9. 상대방의 대답이 당신이 바랐던 것과 다르면, 왜 그런지 이해하려고 노

력하세요. 다른 부탁을 하거나 받아들일 수 있는 해결책을 함께 논의하세요.

## 적극적 경청

흔히 생각하는 것과 달리 듣는 것은 소극적인 과정이 아닙니다. 우리는 들을 때 주관적인 해석을 덧붙일 수밖에 없습니다. 그러나 협력하려는 마음으로 시작하면 속단하기 전에 상대방의 말을 더 들을 수 있습니다. 상대방의 말을 듣고 그 사람이 전하려는 뜻을 이해했는지 확인하려면 적극적인 노력이 필요합니다. 경청은 우리가 듣고 있다는 것을 전하고 질문하고 피드백을 하는 것을 포함합니다.

### 경청을 위한 조언

#### 최적의 환경과 태도를 갖추세요.
- 텔레비전, 전화처럼 방해가 될 수 있는 것을 치우세요.
- 식사 후에 대화하고 마실 것을 준비해놓으세요.
- 필요하다면 다른 사람들이 없는 곳에서 이야기하세요.
- 판단하지 말고 열린 마음으로 들으려고 노력하세요.

#### 비언어적 신호를 더 잘 보내세요.
- (눈을 마주치는 것이 무례하다고 생각하는 문화가 아니라면) 눈을 보며 이야기하세요.
- 말하는 사람 쪽으로 약간 몸을 기울이세요.
- 열린 마음을 보여주는 편안한 자세를 취하세요.
- 고개를 끄덕이거나 "응." 같은 말을 함으로써 계속 듣고 있다는 것을 보여주세요.

#### 언어적 신호를 더 잘 보내세요.
- 명확히 이해하기 위한 질문을 하되 주제를 바꾸지는 마세요.
- 당신의 이야기를 꺼내며 상대방의 말을 막지 마세요.

- 공감하는 말("그랬다니 정말 안 됐다.")을 하며 당신의 염려를 표현하세요.
- 상대방의 말을 다 들은 뒤 당신이 들은 말을 다른 말로 바꿔 표현해 제대로 들었는지 확인하세요.
- 성급히 행동하지 말고 당신이 무엇을 하길 바라는지 상대방에게 물으세요.

## 경청의 장애물

듣는 것은 단순해 보이지만 그렇지 않습니다. 많은 사람은 흔한 장애물 때문에 제대로 경청하지 못합니다. 많은 장애물은 제2회기에서 다룬 '마음의 습관'과 비슷합니다. 다음과 같은 것이 장애물에 포함됩니다.

- 비난하기, 부정적인 명칭을 붙이기, 판단하기
- 속단하기
- 남의 마음을 미뤄 짐작하기
- 경청하는 대신 우리가 하고 싶은 말을 준비하기
- 집중하지 않고 다른 것을 생각하기
- 지위, 권력, 자신이 '말할 시간'을 위해 경쟁하기
- 시비 걸기
- 사소한 문제나 모순에 초점을 맞추기
- 청하지 않은 충고를 하기
- (대개 부당한 대우를 받았다는 생각에) 화내기
- 공감하지 못하거나 '상대방의 입장에서 생각하지 못함'
- 자신의 이야기에만 몰두하기
- 내가 상대방보다 '낫다'고 생각하기
- 무조건 '동조'하기

어떤 장애물이 당신에게 문제인지 생각해보세요. 당신과 다른 사람들이 듣는 방식에 어떤 패턴이 있나요? 이 패턴을 어디서 배웠나요? 이 패턴을 바꿀 수 있다고 믿나요? 무엇이 개선을 위한 첫 단계가 될 수 있을까요? 아래에 메모를 하세요.

_____

_____

_____

## 당신을 효과적으로 표현하는 법

듣는 것은 문제의 절반일 뿐입니다. 나머지 반은 당신을 효과적으로 표현하는 것입니다. 표현 방식은 언어나 글일 수도 있고 정서적, 그 외에 정보를 전하는 비언어적 담화 형태일 수도 있습니다. 의사소통에 '옳은' 방법은 없지만, 목표를 이루는 데 더 또는 덜 효과적인 방법은 있습니다.

"나의 의사소통 방식" 양식에 당신이 의사소통하는 방식을 기록하세요. 이 양식은 듣는 방식과 표현하는 방식으로 나뉘어 있고, 당신의 의사소통 습관이 얼마나 효과적이었는지 평가합니다.

당신의 의사소통 방식은 가족과 문화적 배경의 영향을 받습니다. 이러한 중요한 요소 때문에 새로운 의사소통 기술을 배우는 것이 어려울 수도 있습니다. '나의 의사소통 가계도' 연습을 보고 그림 8.1처럼 당신의 가계도를 그리세요.

그림 8.1의 예는 간단한 가계도 형식을 이용해 원은 여자를, 정사각형은 남자를, 두 도형을 잇는 가로선은 결혼을 나타냅니다. 이 가계도에서 레이 철은 오빠가 1명 있는 결혼하지 않은 여성이고 고모나 이모, (외)삼촌이 없습니다.

## 갈등 해결

관계가 얼마나 돈독한가에 관계없이 오해나 갈등은 있을 수밖에 없습니다. 갈등이 흔함을 고려하면, 갈등이 생길 때 무엇을 해야 하는지 아는 게 중요합니다. 갈등은 외적일 수도 있고(큰 말다툼, 문을 쾅 닫기), 간접적일 수도 있고(누군가와 말하기를 거부하기), 숨어있을 수도 있습니다(모든 것이 괜

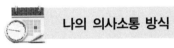 

1. 당신의 전형적인 의사소통 방식을 생각해보세요. 말이 **빠른지** 느린지, 많은지 적은지 생각해 보세요. 내용이 분명하고 조리 있나요? 당신은 상대방과 번갈아가며 이야기하나요, 혼자 대 부분을 이야기하나요? 어떤 종류의 비언어적 의사소통을 하는 경향이 있나요?

   내가 말하는 사람일 때 : _____

   _____

2. 당신의 전형적인 듣기 패턴을 생각해보세요. 상대방의 말을 방해하나요? 당신의 이야기를 하나요? 이야기를 들으며 다른 일을 하나요? 눈알을 굴리나요? 상대방과 눈을 맞추나요? 당 신의 생각과 느낌, 행동은 어떤가요?

   내가 듣는 사람일 때 : _____

   _____

3. 일진이 안 좋을 때 당신의 의사소통 방식은 어떻게 변하나요?

   _____

   _____

4. 당신의 의사소통 방식을 평가하세요.

   이 습관들이 특정 상황에서만 나오나요? 특정한 사람들과 있을 때만 나오나요?

   _____

   이 습관들이 아주 효과적이지 않거나 더 큰 갈등을 일으킨다면 무엇이 잘못일까요?

   _____

   어떤 장애물이나 마음의 습관이 방해하나요?_____

   _____

   당신과 상대방의 책임은 얼마나 되고 상황의 영향은 얼마나 되나요?_____

   _____

   말하는 사람 또는 듣는 사람으로서 당신 자신에게 점수를 매긴다면 몇 점인가요?_____

   _____

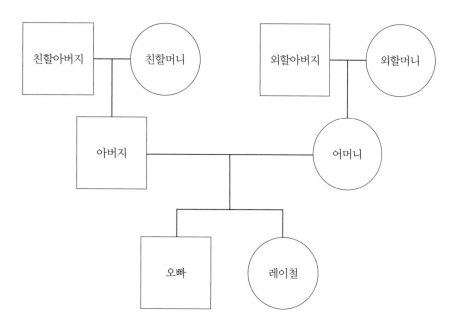

**그림 8.1** | 가계도의 예

찮은 척하지만 수동적 공격성을 보이거나 간접적인 방식으로 분노를 표현하기). 갈등은 가족이나 친구와도 있을 수 있지만, 의료인, 의료보험회사, 일상에서 만나는 임의의 사람들과 있을 수도 있습니다.

효과적인 갈등 해결 기술은 다음의 세 가지 핵심 요소를 포함합니다.

1. 자기주장
2. '공정'하게 싸우는 법을 배우기
3. 협상

## 자기주장

자기주장은 다른 사람의 권리를 침해하지 않고 당신의 생각, 느낌, 필요(당신의 '권리')를 직접 분명하게 표현할 수 있는 것입니다. 자기주장은 공격적인 것이 아닙니다. 그렇다고 소극적이거나 내성적인 것도 아닙니다. 100% 자기주장만 하는 사람은 없으므로 당신은 현명하게 '싸울 때를 알아야' 합니다. 핵심은 자기주장을 할 수 있어야 하고 언제 주장할지 아는 것입니다. 그러려면 먼저 자신에게 관심을 갖고 인간으로서, 특히 만성질환이 있는 인

아래 공간에 2대를 거슬러 올라가는 당신의 가계도(당신의 직계가족과 부모님, 조부모님)를 그리세요. 각 모양에 이름을 쓰세요. 원한다면 당신의 의사소통 방식에 특히 중요한 영향을 미친 사람 이름 옆에 별표를 하세요. 도표를 그린 다음, 당신의 가족의 의사소통 방식에 대해 생각해 보세요.

1. 당신의 가족의 전반적인 의사소통 방식은 어땠나요? (예 : 시끄럽고 활기 넘침, 조용하고 내성적임, 아주 감정적이고 표현력이 풍부함, 절제되고 진지함, 직접적 또는 간접적임 등)

2. 사람들은 어떻게 자신을 표현했나요? 말로, 글로, 또는 비언어적 방식으로 표현했나요?

3. 사람들은 어떻게 들었나요?

4. 이런 방식은 얼마나 효과가 있었나요? 그것은 언제 문제를 일으켰나요?

5. 당신의 의사소통 방식은 가족의 의사소통 방식과 어떤 면에서 비슷하거나 다른가요?

6. 당신의 의사소통 방식에서 바꾸고 싶은 것이 있나요? 가족 중 누가 이것을 도와줄까요? 당신은 어떻게 배우고 연습할 것인가요?

간으로서 당신의 '권리'를 인식해야 합니다. 다음은 일반적인 권리의 일부입니다(Davis, Eshelman, & McKay, 2003에서 수정 인용).

- 가끔은 자신을 가장 중시하기
- 질병에 자기 방식대로 대처하기
- 양질의 의료 서비스와 통증 관리를 받기
- 실수하기
- 일을 보통 수준으로 하거나 잘 못하기
- 자신의 느낌, 의견, 가치관을 갖기
- 절망적인 것처럼 보일 때에도 희망을 갖기
- 마음을 바꾸기
- 부당한 대우를 받을 때 당당히 말하기
- 이해하지 못할 때 설명을 부탁하기
- 도움을 청하기
- 조언을 무시하기
- 보상받고 격려받기
- '거절'하거나 '승낙'하거나 또는 "어쩌면."이라고 말하기
- 혼자 있기
- 당신이 생각하는 영성을 탐구하기
- 누군가나 무언가에 대해 책임지지 않기
- 존중받기

병이 진행되면서 당신은 독립성과 통제력, 자율성을 잃었을지도 모릅니다. 당신은 이미 짐이 된 것 같아서 필요한 것을 요구하기 어렵고 더 많은 것을 요구하고 싶지 않을 수 있습니다. 가족과 친구들은 (좋은 의도이긴 하지만) 당신을 어린아이처럼 대하기 시작했을지도 모릅니다. 그러나 당신과 당신을 돌보는 사람들은 장애 정도와 관계없이 당신이 여전히 어른의 필요를 지닌 어른이라는 것을 인식해야 합니다. 당신은 삶의 끝에 가까이 가면서 존중받고 보살핌을 받을 권리가 있습니다.

"자기주장 연습"을 작성하며 당신을 방해할 수 있는 자기주장에 대한 신념을 반박하세요.

### 사례

테릭은 아들과 말을 하지 않은 지 너무 오래되서 그 이유도 잊어버렸다. 테릭은 그것이 이혼과 그 당시 흥분해서 했던 자신의 말과 행동과 관련이 있다는 걸 알았다. 하지만 이혼은 지난 일이고 화는 오래전에 가라앉았다. 테릭은 아들이 많이 보고 싶고 특히 폐기종 때문에 더욱더 숨이 차는 요즘, 아들의 삶의 일부가 되고 싶었다. 그래서 아들에게 전화를 걸었다. 두 사람은 만나려고 시간 약속을 했다. 테릭은 나눠야 할 이야기가 많지만 어쩌면 많은 이야기를 나누지 못할 수도 있다는 것을 알았다. 중요한 것은 아들에 대한 사랑과, 갈등을 해결하려는 테릭의 의지였다. 테릭은 잘 의사소통하고 '공정하게 싸우는' 법을 기억할 수 있길 바랐다.

## 공정하게 싸우기

싸움(또는 갈등)은 죽음과 세금만큼 피할 수 없습니다. 누구나 때때로 갈등을 겪을 수밖에 없습니다. 중요한 것은 문제를 악화시키기보다 해결하는 데 도움이 되는 건설적인 갈등의 규칙을 배우는 것입니다. 불공정한 싸움은 상대를 공격하고 혹평하고, 시끄럽고 화나고 산만하고 때로는 폭력적일 수 있습니다. 그러나 불공정한 싸움은 삐치고 상대와 말하지 않고, 수동적 공격성이라는 특징을 지닐 수도 있습니다. 표 8.1에서 불공정한 싸움과 건설적인 갈등의 흔한 특징을 참조하세요.

다음 질문은 당신이 싸우는 방식을 이해하고 개선할 분야를 찾는 데 도움이 될 것입니다. 당신이 싸우는 방식은 당신의 전반적인 의사소통 방식과 겹치는 부분도 있을 수 있지만, 중요한 차이점이 있을 수도 있습니다. 당신의 반응과 표의 예를 비교하세요.

- 누군가와 가장 최근에 싸운 것이 언제였나요?
- 무슨 일이 일어났나요? 당신의 생각과 느낌, 행동은 어땠나요?
- 상대방은 어떻게 반응했나요? 당신은 만족했나요? 불만족했다면 어떤 일이 일어나야 했나요?
- 그 문제는 의사소통의 문제였나요? 듣기의 문제였나요, 말하기의 문제였나요?
- 그것은 목표나 필요, 기대와 관련된 갈등이었나요?

ABCD 단계를 이용하세요. 선행사건(**A**ctivating event) → 신념(**B**elief) → 결과(**C**onsequence) → 논박(**D**ispute)

## 시나리오 1

선행사건 : 의사가 전에 당신에게 효과가 없었던 약을 처방했지만, 당신은 의사에게 반대하기가 두렵습니다.

자기주장을 하는 것을 방해하는 신념들 : _____
_____

결과 : _____

논박 : _____
_____


## 시나리오 2

선행사건 : 당신은 힘든 밤을 지새웠고, 친구와 점심 약속을 했지만 만날 수 없을 것 같습니다. 당신은 전에도 약속을 취소한 적이 있어서 너무 미안합니다.

자기주장을 하는 것을 방해하는 신념들 : _____
_____

결과 : _____

논박 : _____

## 시나리오 3 : (직접 쓰세요.)

선행사건 : _____
_____

자기주장을 하는 것을 방해하는 신념들 : _____
_____

결과 : _____

논박 : _____
_____

**표 8.1 불공정한 싸움과 건설적인 갈등의 특징**

| 불공정한 싸움 | 건설적인 갈등 |
|---|---|
| 때가 안 좋은데 공격함, 너무 성급함, 방해물이 너무 많음 | 두 사람 모두에게 좋은 시간을 정함 |
| 비난 | 섣불리 비난하기보다 당면한 특정 문제에 대해 이야기함 |
| 과거와 현재의 너무 많은 문제를 한꺼번에 꺼냄 | 한 번의 갈등에 하나의 문제만 이야기함 |
| 상처받기 쉬운 느낌을 분노나 정의로 가림 | 자신의 다양한 감정을 표현함 |
| 상대방의 말을 듣지 않음 | 적극적 경청 |
| 불가능한 요구를 함 | 구체적인 변화를 제안함 |
| 협박과 최후통첩 | 결과를 설명함 |
| 모욕이나 가시 돋친 말 | 협력, 평등, 존중 |
| 갈등이 악화됨 | 감정을 가라앉히는 시간을 가짐, 집중함 |
| 끝이 안 좋거나 해결을 하지 못함 | 해결에 합의하거나 의견이 서로 다름에 동의함 |

※ McKay, Davis, & Fanning(1995)에서 수정 인용.

- 당신과 상대방은 건설적인 갈등의 규칙을 지켰나요? 아니면 불공정한 싸움을 했나요?
- 갈등 상황으로 되돌아간다면 당신은 무엇을 다르게 할 건가요?

## 협상

갈등 해결에 필요한 마지막 기술은 협상 기술과 관계가 있습니다. 쌍방의 요구가 서로 다를 때에는 타협안을 찾는 것이 중요합니다. 협상에는 4단계가 있습니다. 당신이 각 단계에서 어떻게 하느냐는 협상 과정과 결과에 큰 영향을 미칠 것입니다. 아주 어려운 협상도 서로 존중하고 협력하며 할 수 있습니다.

1. 준비 : 문제에 대해 말하기 전에 당신이 어떻게 느끼고 무엇을 원하는지

를 먼저 확인하세요. 어떤 결과가 나오면 받아들일 수 있나요? 어디서 굽힐 수 있나요? 유연성은 핵심 기술이지만 자기주장과 당신에게 필요한 것을 아는 것도 필수적인 기술입니다.

2. 논의 : 쌍방이 실제 상황을 사실대로 말하고 정보를 제공합니다. 당신은 상대방의 추리와 느낌을 이해해야 하고, 상대방도 당신의 추리와 느낌을 이해해야 합니다.

3. 제안과 반대 제안 : 쌍방이 제안을 하고 합의점을 찾습니다. 필요에 따라 당신의 제안을 변경하고 조정해야 합니다.

4. 합의와 의견 차이 : 합의점이 충분한가요? 당신과 상대방은 행동 계획을 짰나요? 또는 '서로 의견이 다름'에 동의했나요?

협상에 대한 다음의 조언은 다음에 갈등이 생길 때 도움이 될 것입니다.

1. 당신의 느낌을 알고 조절하세요. 합리적이고 아주 좋은 사람들이 서로 의견과 필요가 다를 수 있습니다. 강한 감정을 느끼나요? 왜인가요? 어떤 이해관계가 있나요? 막히거나 압도되면 내면을 살펴보세요.

2. 사람들을 문제와 분리해서 보세요. 이것은 성격의 문제가 아닐 수 있습니다. 대부분의 사람은 똑같은 일반적인 목표(예 : 행복하고 사랑받고 성공하기)를 가지지만, 목표를 이루는 방법에 대해 생각이 다를 수 있습니다.

3. 공감과 세심함을 표현하세요. 누구나 상대방이 자신의 말을 들어주기를 원합니다. 상대방이 자신과 동의하지 않고 자신이 원하는 것을 줄 수 없을 때에도 마찬가지입니다. 상대방을 이해하려고 노력하세요. 공감과 적극적 경청, 솔직한 감정 표현은 모두 필수적입니다.

4. 합의점을 찾는 방법으로 당신의 관심사나 동기를 말하세요. 어쩌면 당신과 상대방의 동기는 같지만 서로 방법이 다른 것일 수도 있습니다.

5. 합의의 가장 좋은 '대안'을 마련하세요. 당신이 원하는 것을 얻지 못한다면 좋은 대안은 무엇인가요?

6. 유연해지세요. 대안을 함께 생각하세요. 당신과 상대방이 받아들일 수 있는 것은 무엇인가요?

7. 조금 얻기 위해 조금 주세요. 이번에 '양보'하면 다음에 당신에게 도움이 될 수 있습니다.

8. 너무 격해지거나 진척이 없으면 협상을 연기하세요.

9. 합의를 한 뒤에는 긍정적인 피드백과 감사하는 마음을 나누세요.


## 관계를 돌보기 : 소중한 시간

고칠 것이 없다 해도 관계에는 관심이 필요하다는 것을 기억하세요. 돈독한 관계를 위한 중요한 부분은 '소중한 시간'을 함께하는 것입니다. 건강할 때에도 이것은 때로 어려울 수 있습니다. 그런데 아플 때에는 진료 약속, 약 부작용, 움직이기 어려운 것 등 때문에 소중한 시간을 거의 함께하지 못할 수 있습니다.

다음 페이지에 나오는 목록은 다른 사람들이 과거에 즐겼던 공동 활동 목록의 일부입니다. 함께 이런 활동을 하면 관계가 돈독해질 수 있습니다. 또 이런 활동은 우울함과 불안함이 줄어드는 데 도움이 될 수 있습니다.


## 의료 서비스를 최대한 활용하기

### 의료진에게 최대한의 도움을 받기

당신의 의료'팀'과 가장 잘 협력하려면, 의료팀 구성원 모두의 이름을 알고 그들 각각의 역할을 아는 것이 중요합니다. 연락처와 역할을 포함해 "나의 의료팀" 양식을 작성하세요.

의료진과 긍정적이고 발전적인 관계를 맺으면, 의료진이 당신에게 양질의 의료 서비스를 제공하는 데 도움이 될 것입니다. 다음의 제안은 이런 관계를 맺도록 도울 수 있습니다. 이 팀의 핵심 구성원은 당신이라는 것을 기억하세요.

1. 당신의 의사가 하는 일에 공감하고 이해하세요. 의사는 아마 바빠 보일 것입니다. 퉁명스럽거나 산만하거나, 무관심하거나 심지어 성미가 급한 것처럼 보일 수도 있습니다. 하지만 의사는 밤을 새웠거나, 아주 까다로운 (그리

1. 멋진 또는 격식 없는 식사

2. 운동하기

3. 보드게임

4. 카드나 옛 사진을 함께 보며 이야기하기

5. 텔레비전을 함께 보며 프로그램에 대해 이야기하기

6. 영화 보러 가기

7. 함께 빵 굽기

8. 서로에게 책 읽어주기

9. 춤추러 (또는 춤추는 것을 보러) 가기

10. 산책

11. 퍼즐이나 십자말풀이

12. 야외에 앉아있기

13. 현재 사건들에 대해 이야기하기

14. 드라이브

15. 같이 음악 듣기

16. 콘서트나 연극 보러 가기

17. 정원 가꾸기

18. 쇼핑

19. 저녁 파티하기

20. 미술이나 공예 작업을 하기

21. 노래하거나 음악 연주하기

22. 아이를 돌봐주거나 아이들과 함께 있는 것을 즐기기

23. 편지나 카드 쓰기

24. 전화 통화나 전자우편 보내기

25. 서로 등 마사지해주기

26. 교회나 영적 의식에 가기

27. 애완동물 돌보기

28. 함께 기도하기

29. 공동체나 정치적 모임에 참여하기

30. 컴퓨터·비디오 게임

31. 인터넷 사용

32. 박물관 전시회에 가기

33. 커피나 차를 함께 마시기

34. 식당에서 식사하기

35. 여행

고 기분이 많이 상한) 환자를 하루에 수십 명이나 보거나, 사적인 문제를 갖고 있을 수도 있다는 것을 기억하세요. 의사에게는 스트레스 받으며 해야 하는 일이 아주 많고, 의료보험회사의 압박은 점점 심해지고 있습니다. 이것은 변명은 아니지만, 의사의 반응을 개인적으로 받아들이지 말아야 할 이유입니다. (당신에게 선택권이 있을 경우) 다른 의사에게 가기 전에 그것이 옳게 느껴진다면 지금 의사에게 다시 한 번 기회를 주세요. 다른 의사를 선택할 수 없다면, 지금 의사에게 공감을 표하되 당신의 느낌을 말하세요. 예를 들면 이렇게 말할 수 있습니다. "선생님, 많이 바쁘고 힘드신 것 같아 안 됐지만, 드릴 말씀이 있는데 들어주실 거라 믿어요……."

2. 의사도 그저 사람일 뿐이라는 걸 기억하세요. 의사도 실수를 합니다. 일진이 나쁜 날도 있고 짜증이 날 수도 있습니다. 의사는 당신을 보고 자신이 잃은 가족 중 한 사람을 떠올릴 수도 있습니다. 또는 당신의 문제에 좀 당황할 수도 있습니다. 의사는 당신보다 많이 어리고 삶의 경험이 더 적을지도 모릅니다. 의사들은 전에 들은 적이 있겠지만, 아무리 감정을 감춘다 해도 여전히 감정적인 반응을 합니다. 사람은 실수를 하지만 배우고 성장할 수도 있습니다. 의사는 당신과 함께 또는 어쩌면 당신 때문에 성장할지도 모릅니다. 주눅 들지 마세요. 의사도 사람이니까요.

3. **긍정적인 피드백을 해주세요.** 대부분의 의사는 직업적 특성상 비판적이고 완벽주의를 추구하는 경향이 있습니다. 이들은 자신이 무언가를 빠뜨렸을까 봐 염려하거나, 최신 의학 발전보다 한 발짝 뒤처졌다고 느끼곤 합니다. 의사가 무언가를 잘하거나 의미 있는 말을 하거나 훌륭한 서비스를 제공할 때, 의사에게 그것을 알려주세요.

4. 의사는 제한된 시간 내에 많은 환자를 진료해야 한다는 압박을 받기 때문에 환자 개인적인 이야기를 할 여유가 없는 경우가 많습니다. 그러나, 진료시간에 '당신 자신이 되는 것'을 두려워하지 마세요. 적절한 때 당신의 삶과 가족, 당신이 독특한 사람임을 보여주는 것에 대해 이야기를 나누세요. 대부분의 의사는 이런 대화를 할 시간이 많이 없지만 기회가 있다면 잡으세요. 병이 있는 몸을 돌보는 것보다 한 사람을 돌보는 것이 훨씬 더 보람 있답니다.

**나의 의료팀**

나의 주치의 : _____

연락처 : 전화번호 : _____

　　　　팩스 : _____

　　　　전자우편/기타 : _____

　　　　역할 : _____

전문의 등 다른 의료인(1) : _____

연락처 : 전화번호 : _____

　　　　팩스 : _____

　　　　전자우편/기타 : _____

　　　　역할 : _____

전문의 등 다른 의료인(2) : 

연락처 : 전화번호 : _____

　　　　팩스 : _____

　　　　전자우편/기타 : _____

　　　　역할 : _____

전문의 등 다른 의료인(3) : 

연락처 : 전화번호 : _____

　　　　팩스 : _____

　　　　전자우편/기타 : _____

　　　　역할 : _____

원한다면 다른 종이에 다른 중요한 팀 구성원들(예 : 약사, 간호사, 심리학자, 물리치료사, 병원, 교통편 등)과 그들의 연락처를 쓰세요.

## 의사와의 만남을 최대한 이용하기

당신은 당신의 진료에서 협력자(partner)라는 것을 기억하세요. 당신은 '생각'을 말할 수 있고 진단이나 관리를 위한 중요한 정보를 제공할 수 있습니다. 그러나 협력자라는 것은 당신(그리고 보호자)이 의사와의 만남 전에 준비할 책임이 있다는 뜻이기도 합니다. 무엇이 가장 도움이 될지 모르면 의사에게 물어보세요. 준비의 예로 복용량과 빈도를 포함해 지금 먹는 약 목록(또는 약병)을 가져가기, 논의하고 싶은 가장 중요한 사안 목록을 가져가기, 전에 내준 '숙제'를 하기(예 : 혈당치를 기록하기, 특정 증상의 빈도를 알기) 등이 있습니다. 다음과 같은 준비를 할 수도 있습니다.

1. 당신의 병력을 기억하세요. 과거의 진료 기록 사본이나 진료 기록 요약을 가져가면 시간을 많이 절약할 수 있습니다. 가족의 병력에 대한 정보도 가져가세요. (새로운 의사를 만날 때마다 시간을 낭비하지 말고) 이미 받은 검진과 과거에 먹은 약의 기록도 가져가세요.

2. 질문과 메모를 하세요. 질문할 것을 진료 시간에 잘 잊는다면, 가장 중요한 질문들을 적어서 가져가세요. 의사가 말할 때 질문할 것을 적거나 다른 메모를 하는 것을 두려워하지 마세요(의사도 아마 당신이 말할 때 메모를 할 것입니다.). 의사의 말을 기억하는 데 도움을 받기 위해 친구나 가족을 데려가거나, 진료 시간에 녹음을 할 수도 있습니다. 15분 동안 많은 이야기를 할 수 있으니까요!

3. 당신의 느낌을 표현하세요. 의사는 독심술사가 아닙니다. 의사는 당신의 감정을 나타내는 신호를 읽기에는 당신을 잘 모르거나 집중하지 못할 수 있습니다. 무섭거나 화나거나 슬프면 의사에게 말하세요. 새로운 의사소통 기술을 연습하세요.

4. 방문 내용을 요약하세요. 의사와의 진료를 마치기 전에 논의한 내용과 당신이 해야 할 일을 요약해 말하세요. 그러면 의사와 당신은 서로 얼마나 잘 소통했는지 알 수 있고, 치료 계획에 변화가 있는지 명확히 하고, 다음 방문 때까지 할 일을 두 사람 모두 기억할 수 있습니다.

5. 다른 도움을 청하세요. 시간이 없지만 당신의 병이나 치료, 검사에 대해 더 많은 정보가 필요하면 의료팀의 다른 구성원 중 도와줄 수 있는 사람이

있는지 물어보세요. 의사는 건강 교육가나 간호사, 만성질환 관리 전문인 행동의학 전문가를 소개해줄 수 있는 경우가 많습니다.

## 의사의 전화 응답 서비스와 의사소통하는 법

가장 힘들고 무서울 때는 저녁이나 주말에 건강에 급한 문제가 생겼는데 병원은 문을 닫았을 때입니다. 간단한 몇 단계를 밟으면 불안함이 많이 줄고 도움을 받는 과정이 쉬워집니다.

1. 근무 시간에 병원 직원에게 근무 시간 외 서비스를 받는 절차에 대해 물어보세요. 모든 병원은 비상시 의료 서비스를 제공할 수 있는 지역 병원과 합의가 돼있거나 비상 대기 시스템이 있어 전화 자동 응답 서비스를 제공합니다. 집의 여러 장소(예 : 전화기 옆, 냉장고 등)에 이 근무 시간 외 연락처를 붙여두세요.

2. 의사와 특별히 합의한 내용이 있으면(예 : 보통 이상으로 많지만 필요한 양의 진통제 사용), 의사는 이것을 당신의 진료차트에 꼭 메모해둬야 합니다. 당직 의사는 당신의 사례에 익숙지 않을 수 있는데, 그 메모는 많은 시간을 절약하고 좌절감을 크게 줄일 수 있습니다.

3. 근무 외 시간에 전화를 하기 전에 무슨 일이 일어났고 왜 전화하는지 몇 가지 메모를 하세요. 근무 외 시간에 전화할 때에는 당황해서 중요한 정보를 말하는 것을 잊기 쉽습니다. 이것이 확실히 아침까지 기다릴 수 없는 문제일 때 전화하세요.

4. (자격 있는 전문 의료인이 아니라) 응답기가 받으면, 당신의 전화번호를 포함해 중요한 정보를 남기세요. 생사가 걸린 상황이 아니면 의사가 당신에게 전화할 때까지 30분은 기다리세요. 다시 전화할 경우 응답기에 정확한 정보와 전화번호를 남겼는지 확인하세요.

5. 당신에게 전화하는 의사는 당신의 평상시 의사가 아닐 수 있습니다. 의사들은 대개 돌아가면서 시간 외 근무를 합니다. 이 새로운 의사는 당신의 진료차트를 갖고 있지 않을 수 있고, 당신의 약이나 당신이 평상시 의사와 한 기타 합의에 대해 모를 수 있습니다.

6. 가슴 통증과 같은 긴급한 증상이 나타나면, 당신과 의사가 이미 다른 계

획(예 : 니트로 약이나 아스피린을 먹고 몇 분 기다려보기)을 짜놓지 않았을 경우 응급실로 가세요.

7. 자기주장을 하는 것을 두려워하지 마세요. "우는 아이 젖 준다."고 하잖아요. 하지만 약간의 예의는 화내는 데 에너지를 낭비하지 않고 목표를 더 효과적으로 이루는 데 도움이 되는 경우가 많습니다.

## 숙제

✎ "나의 의사소통 방식" 양식을 작성하세요.

✎ "나의 의사소통 가계도"를 그리고 질문에 답하세요.

✎ "자기주장 연습" 양식을 작성하세요.

✎ 의사소통 또는 갈등 해결 기술을 친구나 가족과 함께 연습하세요.

✎ 친구나 가족과 '소중한 시간'에 함께할 활동을 정하고 약속 시간을 잡으세요.

✎ "나의 의료팀" 양식을 작성하세요.

메모 :

_____

_____

_____

_____

# 제4부

# 삶의 질

의학적 증상 관리

## 목표

- 의학적 증상 관리법을 배우기
- 만성 통증에 대처하는 법을 살펴보기
- 불면증이나 수면 문제에 대처하는 법을 살펴보기
- 그 외에 흔한 의학적 증상에 대처하는 법을 살펴보기

### 주의사항

자가건강관리법을 바꾸기 전에는 늘 의사와 상의해야 합니다. 당신은 이 회기를 이용해 당신의 의료팀이 수행할 계획에 대한 생각을 하게 될 수 있습니다.

## 의학적 증상 관리

통증, 숨가쁨, 불면증, 메스꺼움이나 심각한 질병의 부작용, 그 외 힘든 의학적 증상을 겪으면서 생활하는 것은 쉬운 일이 아닙니다. 하지만 이런 증상을 관리하기 위해 당신이 할 수 있는 것이 있습니다. 증상은 완전히 사라지지는 않을 수 있지만, 대처하기가 더 쉬워질 수 있습니다. 증상 관리에 대해서는 의사를 그저 '코치'로, 그리고 당신을 성공에 가장 책임이 큰 '인기 선수'로 생각하면 도움이 될 수 있습니다. 처음에 전략(즉, 약물치료, 수

술 등)은 의사가 결정하지만, 그것을 실행해야 하는 사람은 당신입니다. 당신은 의사의 지시에 따르는 것 외에도 자신만의 전략을 선택하고 효과적인 증상 관리를 위해 전략을 수정합니다(전략에 대해서는 먼저 의사와 꼭 상의하세요.).

증상 관리를 위해 적용할 수 있는 다음의 문제 해결 단계를 살펴보세요.

### 1단계 : 올바른 태도 갖기

아마도 자가 증상 관리라는 개념은 들어보았을 것입니다. 당신은 증상 관리에서 성공과 실패의 오랜 경험을 했을 수도 있습니다. 당신은 '인기 선수'이고 가능한 질병을 관리하는 데 있어 발전해야 한다는 것을 기억하세요. 과거에 성공하지 못했다고 해도, 새로운 시도는 새로운 성공 기회를 가져다줍니다. 회의적인 것은 괜찮지만, 효과가 없다고 생각하지 말고 다른 대안을 시도해보세요.

### 2단계 : 문제를 알아내고 목표를 생각하기

첫 단계는 당신의 증상, 우선사항, 그리고 당신이 원하는 결과를 생각하는 것입니다. 작고 구체적인 목표를 세우는 것이 중요합니다. 예를 들면 "다리에 통증이 없으면 좋겠다."라는 목표보다는 "다리 통증을 관리해서 하루에 한 번은 계단을 내려가 아파트 밖으로 나가고 싶다."라는 목표가 더 나을 것입니다. 작은 목표는 희망을 포기하는 것이 아닙니다. 기대하는 일(벅찬 일)을 작고 이룰 수 있는 부분들로 나누는 것입니다. "천 리 길도 한 걸음부터."라고 하잖아요.

### 3단계 : 목표를 이루기 위해 구체적인 대안 목록을 작성하기

다음 단계는 목표 달성에 도움이 될 구체적인 방법을 생각하는 것입니다. 자가관찰을 통해 증상에 대한 정보(예 : 강도, 빈도, 원인 등)를 모을 수 있습니다. 또 제3회기의 문제 해결 단계를 이용하는 것을 기억하세요. 이 장에는 가장 흔한 의학적 증상과 부작용을 다루는 구체적인 방법들이 포함돼 있습니다. 한 전략을 시험하고 그 효과를 평가하세요. 효과가 없으면 언제든지 다른 전략들을 시도할 수 있습니다. "증상 관리 작업지"에 첫 생각을 쓰세요. 책에서 이 양식을 복사하거나, Treatments *ThatWork*™ 웹사이트 (www.oup.com/us/ttw)에서 여러 부를 내려받을 수 있습니다.

### 4단계 : 가장 좋은 대안을 고르기

제3회기에서 배운 가장 좋은 대안을 고르는 과정을 기억해보세요. 56쪽의 "선택안 고르기 작업지"를 보셔도 좋습니다. 당신은 나열한 선택안들 각각의 장단점과 그 대안이 당신과 타인들에게 미칠 영향, 그리고 그 대안이 목표 달성에 도움이 되는지를 고려해야 합니다.

### 5단계 : 선택안을 실행하고 결과를 평가하기

가장 좋은 안을 고른 뒤에는 새 전략을 언제 어디서 어떻게 실행할지를 계획해야 합니다. 그리고 꼭 자기관찰 계획을 수립하여 새 전략에 따라 스스로에게 미치는 영향을 평가하세요. 예를 들면 불면증에 대해서는 지속적으로 수면 일기를 쓰고, 통증에 대해서는 통증 평가를 하세요. 더 자세한 예는 구체적 증상들에 대한 다음의 내용을 참조하세요.

## 만성 통증

만성(또는 매우 심한) 통증이 늘 있으면 생각하기도, 행동하기도, 혹은 그 무엇을 하기도 어렵습니다. 약은 도움이 될 수 있고 처방대로 먹어야 합니다. 그러나 부작용이 있을 수 있고 늘 100% 효과가 있지는 않습니다. 통증은 날마다 다를 수 있기 때문에 통증 관리 전략도 유연해야 합니다. 통증을 가장 잘 관리하려면 두 요소를 고려한 대처 방법을 알아야 합니다.

통증＝신체적 감각＋정서적 고통

### 신체적 감각

분명히 통증에는 신체적 요소가 있습니다. 신경은 통증 메시지를 뇌에 보내 무언가가 다쳤거나 잘못됐다는 사실을 알립니다. 급성 통증 신호는 몸에서 일어나는 무언가에 대한 중요 정보를 전달해 그 사람이 그것에 대해 무언가하게끔 합니다. 하지만 신체적 통증 감각은 (회복될 수 없는 '부상'으로 인해) 만성적일 수도 있습니다. 신체적 통증 감각은 오인된 감각의 결과로써도 느낄 수 있는데 (예를 들면 섬유근육통(fibromyalgia), 환지통(phantom limb pain) 등처럼) 뇌가 일반 신호를 통증으로 잘못 읽거나 신경섬유가 비정상적으로 자극된 결과로 발생할 수 있습니다. 신체적 감각은 때로는 예측할 수 없는 이유로 생겼다 사라지고, '찌르는 듯한, 화끈거리며 따가운, 욱신거리는, 쑤시는' 등의 특성들로 묘사할 수 있습니다.

많은 통증 약은 통증의 신체적 감각을 무뎌지게 하거나 완전히 없앨 수 있습니다. 맞는 약과 복용량을 찾을 때까지는 여러 번 시도해야 할 수 있습니다. 여러 비약물적 개입도 통증의 신체적 감각을 줄이는 데 도움이 될 수 있습니다. 당신은 주치의나 통증 클리닉 의료진과 긴밀히 협력하여 종합적인 통증 관리 계획을 수립해야 합니다. 이 계획은 당신의 특정한 통증에 가장 잘 듣는 것에 기초해야 합니다.

다음은 비약물적 개입의 예입니다.

- 물리치료(스트레칭, 운동)
- 물요법(hydrotherapy)이나 스파 치료, 더운 물 샤워나 목욕
- 전기치료나 경피 전기 신경 자극(transcutaneous electrical nerve stimulation)
- 초음파
- 침술과 지압
- (마사지 의자나 패드를 이용해 전문가나 일반인이 해주는) 마사지
- 보행보조기(예 : 목발, 깔창, 브레이스)
- 보조도구(예 : 베개, 팔걸이, 붕대 등)
- 치료용 발열기구나 냉각기구(예 : 전기담요, 얼음팩)
- 통증 완화용 크림[예 : 아이시핫(Icy Hot), 벤게이(Ben Gay), 캡사이신 연고
- 근육 긴장을 풀어주는 점진적 근육 이완법
- 신체적 운동
- 체중 감량
- 요가
- 영양 섭취 조정

## 정서적 고통 또는 괴로움

통증의 신체적 감각은 문제의 절반일 뿐이고 때로는 다른 절반보다 관리하기 더 쉽습니다. 문제의 다른 절반은 통증을 겪는 경험과 관련된 정서적 고통이나 괴로움입니다. 통증은 스트레스를 주고 만성 통증은 만성 스트레스를 의미함을 기억하는 것이 중요합니다. 다른 회기들에서 우리는 이미 스트레스와 신체적 행복의 관련성에 대해 이야기했습니다. 당신의 태도, 즉 당신이 통증에 대해 어떻게 생각하는가가 통증의 강도나 고통에 직접 영향을 미칠 수 있음을 기억하세요. 우울, 불안, 절망은 모두 통증이라는 경험을 훨씬 더 악화시킵니다. 스트레스, 우울, 불안이 정서적 고통을 유발하는 요소들인 것 같다면 이것들에 대처하는 법에 대한 회기들을 참조하세요. '통증(pain)은 피할 수 없지만 고통(suffering)은 조절할 수 있다'는 것을 기억하세요.

### 통증이 유발하는 정서적 괴로움을 줄이는 법

- 불안과 긴장을 줄이는 심호흡
- 마사지(친밀감과 정서적 지지, 정서적 고통을 완화시킬 수 있음)
- 이완 테이프
- 마음챙김(명상 또는 주위의 모든 것에 깨어있는 습관 기르기)
- 자기최면
- (이완이나 기분전환을 위한) 음악
- 문제 해결(통제력과 희망을 심어줌)
- 바이오피드백
- 심상 기법(mental imagery)
- 속도 조절, 시간 관리
- 혼잣말하기(긍정적 자기암시, 재구성, 균형 잡힌 생각, ABCD 연습 등)
- 기분전환(예 : 텔레비전, 친구와 대화, 취미)
- 지지 모임이나 치료 모임
- 개별 치료나 상담
- 사회적 지지
- 유머

## 통증에 대한 계획 세우기

첫 단계는 자기관찰 기술(skill)을 이용해 통증과 그 외 중요한 요소들을 정기적으로 평가하는 것입니다. 뒤에 있는 "나의 통증 일기" 양식에 이 정보를 기록하세요. 책에서 이 양식을 복사하거나, Treatments *ThatWork*™ 웹사이트(www.oup.com/us/ttw)에서 여러 부를 내려받을 수 있습니다. 통증에 대한 새로운 대처법을 골라 실행한 뒤에는 통증의 강도와 특성을 다시 평가할 수 있습니다.

당신은 주치의나 통증 전문의의 도움을 받아 정기적으로 이용할 약물·비약물적 전략을 포함하는 '통증 계획'을 세워야 합니다. 그리고 심각한 돌발성 통증이 있을 때 무엇을 해야 할지를 포함한 '공황 계획'도 짜야 합니다. 통증은 제어할 수 있고 제어해야 한다는 것을 기억하세요. 보호자나 의료진과 협의해 이 장 끝에 있는 "나의 통증 관리 계획" 양식과 "나의 통증 공황 계획" 양식을 작성하세요.

# 불면증이나 수면 문제

수면장애는 심각한 질병 혹은 그 외 질환의 아주 흔한 괴로운 결과입니다. 수면 문제는 잠들기가 어려움, 잠든 상태를 유지하기가 어려움, 너무 일찍 깨어남 등이 포함됩니다. 불면증의 원인은 다양한데 만성 통증, 걱정이나 불안, 우울, 낮잠을 너무 많이 잠, 음주, 카페인 등의 각성제, 너무 늦게까지 깨어있음, 운동 부족, 수면 무호흡 등의 호흡 곤란, 불규칙적인 수면 시간, 약 부작용 등이 있습니다. 그리고 불면증 치료는 약물치료와 인지행동치료라는 두 범주로 나뉩니다.

## 약물치료

불면증에 대한 약물치료에는 수면제(즉, 진정제), 진통제, 그리고 항우울제 같은 정신건강의학과 처방약이 포함될 수 있습니다. 일반적으로 수면제는 치료를 위해 단기간 사용하는 것이 원칙입니다. 대부분의 수면제는 부작용이 있을 수 있고, 일부는 습관이 될 수 있기 때문입니다. 그러나 특히 힘들

때나 다른 불면증 치료법들이 모두 듣지 않을 때 수면제는 아주 유용할 수 있습니다. 수면제는 우울이나 통증에 대한 약물치료에 추가해 사용할 수는 있지만, 우울이나 통증에서 벗어나기 위한 방법으로 사용해서는 안 됩니다.

통증은 불면증의 흔한 원인이므로 통증 관리법을 개선해 통증을 더 잘 통제하는 것은 좋은 해결책이 되는 경우가 많습니다. 어떤 사람들에게 진통제는 진정이 되는 부작용도 있어서 자기 전에 먹으면 도움이 될 수 있습니다. 잠들기 위해 다른 약을 더 먹기 전에 통증 관리법을 최대한 활용하세요.

우울과 불안도 불면증의 흔한 원인인데 두 가지 모두 약으로 치료할 수 있습니다. 어떤 항우울제에는 졸림이라는 부작용이 있는데, 환자가 우울증의 기준을 충족시키지 않더라도 잠드는 데 도움이 되도록 항우울제를 처방할 수 있습니다. 수면제와 달리 항우울제는 생리적 의존의 위험이 없습니다. 많은 의사는 수면제를 처방하기 전에 수면을 돕는 항우울제를 먼저 처방할 것입니다.

잠들기 위해 이미 약을 먹고 있다면 그것이 어떤 약인지, 어떻게 먹어야 하는지 알아야 합니다. 수면 관련 약에 대한 질문을 적어두었다가 의사와의 다음 약속에서 물어보면 도움이 될 수 있습니다.

## 수면을 위한 인지행동적 개입

더 잘 자기 위한 비약물적 방법에는 여러 가지가 있습니다. 행동과 생각을 변화시키는 것은 수면제만큼 효과가 있거나 더 효과가 클 수 있습니다. 물론 이렇게 하려면 당신이 더 많이 노력하고 더 의욕적이어야 할지도 모릅니다. 다음은 흔히 '수면위생'이라고 하는 지침입니다.

카페인 : 이 각성제는 커피, 차, 일부 탄산음료, 심지어 처방전 없이 살 수 있는 일부 약(엑세드린 등)에도 있습니다. 점심시간 후에는 카페인을 섭취하지 마세요. 카페인을 섭취하면 잠들 수는 있더라도 수면의 질을 떨어뜨릴 수 있다(즉, 더 깊고 편안한 수면 단계에 이르지 못함)는 것을 기억하세요.

설탕 : 어떤 사람들은 설탕(단것, 캔디 등)에 아주 민감할 수 있습니다. 자기 전에 설탕이나 단것을 먹지 마세요(적어도 취침 2~3시간 전에는 설탕을

먹지 말아야 합니다.).

**음료** : 밤늦게 화장실에 가지 않도록 자기 몇 시간 전에는 음료를 많이 마시지 마세요.

**낮잠** : 많은 사람이 낮잠을 짧게 잘 수 있습니다. 낮잠을 자면 만족스럽고 기운이 날 수 있지만, 밤에 잠드는 데 큰 방해가 될 수 있습니다. 낮잠을 자지 마세요. 꼭 낮잠을 자야 한다면 점심시간쯤 1시간 이내로만 자세요.

**운동** : 몸이 허락한다면 규칙적으로 운동할 경우 잠을 깊이 잘 수 있을 것입니다. 단, 자기 몇 시간 전에는 운동을 하지 마세요.

**일관된 수면 스케줄** : 일어나는 시간이 들쭉날쭉하면 수면에 악영향을 끼칠 수 있습니다. 얼마나 잘 잤느냐에 관계없이 날마다, 주말에도 같은 시간에 일어나는 것이 특히 중요합니다.

**취침 시간** : 졸릴 때만 잠자리에 드세요. 침대에 누워 뒤척이면 침대와 '불면'이라는 생각이 연결되어 좌절을 느낄 수 있습니다.

**각성** : 많은 사람이 한밤중이나 너무 일찍 깨어나 다시 잠들지 못합니다. 이 경우 이완하고 다시 잠들도록 하세요. 15~25분 안에 다시 잠들지 못하면, 일어나서 다른 방에서 무언가를 하세요. 다시 졸릴 때만 침대로 돌아가세요.

**침대** : 침대에서 책을 읽거나 텔레비전을 보는 등 다른 활동을 하지 마세요. 수면과 성생활을 위해서만 침대를 이용하세요.

**시계 보기** : 몇 분마다 시계를 보는 버릇이 있다면 시계를 돌려놓거나 덮어놓으세요. 시계를 보면 더 초조해질 뿐입니다.

**생각** : 잠들지 못한다고 자신에게 화내지 마세요. 불면증은 아주 흔한 문제입니다. 불면증은 영원히 지속될 것 같지만 그렇지 않으며, 불면증 때문에 죽지는 않는다는 것을 기억하세요. 개선을 위해 당신이 할 수 있는 것이 있음을 기억하세요. 결국은 심신이 지쳐 잠이 들 수밖에 없습니다. 필요하다면 새로 배운 균형 잡힌 생각을 하는 기술이나 ABCD 기술을 이용하세요.

**코골이** : 코를 골다 깨어났는데 옆으로 누우면 더 잘 잔다는 것을 알았다면, 잠옷 맨 윗부분 뒤쪽에 주머니를 꿰매 붙이고 그곳에 테니스공을 넣으세요. 그러면 한밤중에 뒹굴지 않습니다.

**취침 준비** : 때로는 이완시키는 '야간에 하는 규칙적인 습관'을 유지하면 잠들 준비가 됩니다. 따뜻한 우유를 한 잔 마시거나 따뜻한 물에 목욕을 하거나, 등 마사지를 받거나 편안한 음악을 듣거나 마음을 편안하게 하는 책을 읽어보세요.

**수면 환경** : 잠들기 좋은 수면 환경을 만드세요. (환풍기처럼 다른 소음을 가리는 '백색소음'을 이용하는 등) 침실을 조용히 유지하고, (너무 덥거나 춥지 않은) 편안한 온도를 유지하고, 깨끗한 시트를 까세요.

문제 해결 기술과 자기관찰 기술을 이용하는 것을 기억하세요. 수면장애가 있으면 도우미 선생님과 함께 수면 일기 양식을 만드세요. 이 양식에는 수면의 양과 질, 낮 동안의 피로, 낮잠, 그 외에 중요하게 생각되는 요소를 써야 합니다. 잘 자기 위해 새로운 방법을 시도하며 수면의 변화를 관찰하고 평가하세요. 이런 양식을 만들고 이용하는 법을 배우는 것은 중요하지만 수준 높은 기술로, 많은 다른 증상이나 문제에 대처하는 데 도움이 될 수 있습니다. 이 양식을 혼자 만들기 어려우면 다음 회기에 도우미 선생님과 함께 만드세요.


## 다른 증상에 대처하기

다음은 그 외의 흔한 증상의 관리법입니다. 당신은 시도하고 싶은 관리법을 무엇이든 의사에게 말해야 합니다. 각 증상에 대한 문제 해결을 위해 체계적인 단계를 밟으세요. 이 장 끝에 있는 "증상 관리 작업지"를 이용하세요.

### 메스꺼움

1. (소금 섭취 제한을 권고받지 않은 경우) 버터를 바르지 않은 구운 빵이나 크래커처럼 소금이 든 자극적이지 않은 음식을 먹으세요.
2. 조금씩 자주 먹고 취침시간에 간식을 먹으세요.
3. 좋아하는 음식과 냄새가 좋은 음식만 먹으세요.
4. 냄새와 맛이 덜 느껴지도록 차갑거나 실내온도와 비슷한 온도의 음식을

먹으세요.

5. 음료수는 홀짝홀짝 마시고 음식은 천천히 먹으세요.

6. '인슈어(Ensure)' 같은 액체형 열량보충제를 먹어보세요.

7. 의사에게 메스껍다고 이야기하고 처방대로 약을 복용하세요.

8. 식사 후에는 1시간 이상 쉬세요.

9. 이완하고 숨을 깊게 쉬고, 텔레비전을 보는 등 기분전환을 하세요.

10. 메스꺼울 때에는 억지로 음식을 먹지 마세요.

11. 음료수를 마시기 힘들면 얼음이나 빙과류를 먹어보세요.

12. (다른 지시가 없을 경우) 알약을 먹을 때에는 물을 많이 마시세요.

## 구강 건조

1. (음료수 섭취를 제한받지 않은 경우) 물 등의 음료수를 많이 마시세요. 늘 물병을 갖고 다니세요.

2. 음식을 촉촉하게 하고 삼키기 쉽도록 식사 때 물 등의 음료수를 마시세요.

3. 침이 잘 만들어지도록 얼음, 단단한 무설탕 캔디, 언 포도, 무설탕 껌을 이용하세요.

4. 고체인 음식에 (그레이비 등의 소스, 요구르트 같은) 액체를 부으세요.

5. 입술을 촉촉하게 유지하세요(산소치료를 이용할 경우 바셀린은 이용하지 마세요.).

6. 구강 관리를 잘하세요(이 닦기, 치실, 입 헹구기).

7. 시거나 매운 음식을 먹지 마세요.

8. 많이 씹어야 하는 음식을 먹지 마세요.

9. (처방전 없이 살 수 있는) 인공 타액을 이용하세요.

## 변비

1. 통곡물, 밀 배아, 생과일과 생채소, 주스, 대추야자 열매, 말린 자두 등 섬유질이 많은 음식을 더 많이 섭취하세요. 또는 처방전 없이 살 수 있는 섬유질 보충제를 섭취하세요.

2. 의사가 음료수 섭취를 제한하지 않은 경우, 물 등의 음료수를 더 많이

마시세요.

3. 최대한 신체 활동(예 : 걷기)을 늘리세요.

4. 처방대로 완화제를 이용하세요. 하지만 완화제에 자주 의존하면 나중에 문제가 생길 수 있다는 것을 기억하세요.

5. 치즈, 달걀, 바나나 등 변비를 유발하는 음식을 먹지 마세요.

6. 날마다 변을 봐야 하는 것은 아닙니다. 며칠에 한 번도 괜찮습니다.

7. 변을 보려고 너무 애쓰지 마세요. 늘 비슷한 시간에 보려고 노력은 하지만, 어떤 날은 못 볼 수 있다는 것을 받아들이세요.

## 팔, 다리, 손, 발이 부음(부종)

1. 의자에 앉아있을 때에는 발을 높이 두세요.

2. 부은 부위를 심장보다 위쪽으로 한 채 침대에서 섭취하세요.

3. 최대한 잘 먹고 특히 단백질이 풍부한 음식을 드세요.

4. 처방대로 약을 복용하세요(처방에 '이뇨제'가 포함될 수도 있습니다.).

5. 식습관을 바꿔야 하는지 의사에게 물으세요.

6. 때로는 스타킹 등 딱 붙는 옷이 도움이 될 수 있으니 의사에게 물으세요.

## 숨가쁨

1. 침착하세요. 숨가쁨은 흔한 증상으로, 기력을 너무 쓴 것이 원인일 경우 곧 사라집니다. 몸이 이완하면 산소가 덜 필요합니다.

2. 의자에 똑바로 앉거나 베개를 받쳐 머리를 세우세요(반듯이 눕지 마세요.).

3. 산소치료나 흡입기 등 문제에 대한 처방대로 약이나 치료법을 이용하세요.

4. 코로 숨을 들이마시고 오므린 입술을 통해 숨을 내쉬세요.

5. 점액을 뱉으면 양과 색(투명하거나 흰색이어야 정상)을 살피고 냄새가 나는지 보세요.

## 마지막 조언

이러한 실질적인 제안은 모두 의학적 증상의 관리에 큰 도움이 될 수 있습니다. 하지만 이 제안들이 최고의 효과를 내려면 올바른 마음가짐을 갖는 것이 중요합니다. 때로는 스트레스를 받거나 불안 또는 우울하면 신체적 증상이 훨씬 더 나빠질 수 있습니다. 스트레스 관리법과 우울과 불안에 대한 대처 기술을 이용하는 것을 기억하세요. 필요하다면 이 책의 해당 장을 다시 참조하세요. 다음 회기들에서 추가로 이 문제에 대해 논의해도 좋습니다.

보호자에게도 이 증상 관리법들을 알려주세요. 보호자도 당신의 증상 관리를 도울 수 있습니다.

## 숙제

✎ 새로운 증상 관리 전략을 시도하는 것에 대해 당신의 의료팀과 상의하세요.

✎ "증상 관리 작업지"를 작성하세요.

✎ "나의 통증 일기"를 작성하세요(해당자만).

✎ "나의 통증 관리 계획"을 작성하세요(해당자만).

✎ "나의 통증 공황 계획"을 작성하세요(해당자만).

✎ 수면 일기 양식을 만들어 작성하세요(해당자만).

메모 :

_____

_____

_____

_____

**증상 관리 작업지**

**1단계 : 올바른 태도 갖기**

증상 관리를 위한 시도를 방해하는 생각들을 적으세요. 생각의 균형 잡기 등의 기술을 이용해 이 생각들을 다시 쓰세요.

무익한 생각 :　　　　　　　　　　　　　새로운 유익한 생각 :

_____　　　_____

_____　　　_____

_____　　　_____

_____　　　_____

**2단계 : 문제를 알아내고 목표를 생각하기**

a. 어떤 증상(또는 부작용)이 가장 힘든가요?

_____

_____

_____

b. 변했으면 하는 증상을 단 하나 고르면 무엇인가요?

_____

_____

c. 이 증상에 대한 첫 목표는 무엇인가요? 어떤 구체적인 변화가 있었으면 하는지를 적어 보세요. 얼마만큼의 변화를 원하는지 결정하기 전에, 당신의 현재 '기준치(baseline)'를 가늠해봐야 할 수도 있습니다.

_____

_____

_____

3단계 : 목표를 이루기 위해 구체적인 대안 목록을 작성하기

(이 장에서 제안한 증상 관리법들을 꼭 확인하세요.)

1. _____

2. _____

3. _____

4. _____

5. _____

6. _____

4단계 : 가장 좋은 대안을 고르기

각 안의 장단점, 자신과 타인들에게 미칠 영향, 그리고 성공 가능성을 고려하세요.

_____

_____

_____

_____

5단계 : 선택안을 실행하고 결과를 평가하기

    a. 이 새 전략을 언제 어디서 어떻게 시도할 것인가요?

      _____

      _____

      _____

      _____

    b. 새 전략이 효과가 있는지 어떻게 알 수 있을까요? 이 증상이 시간이 지나며 변하는지 보기 위해 어떻게 증상을 자가관찰할 수 있을지 생각해보세요.

      _____

      _____

      _____

      _____

# 나의 통증 일기

| 날짜/시간 | 상황을 설명하세요<br>(당신은 무엇을 하고 있었고,<br>주변에서는 무슨 일이<br>일어나고 있었나요?<br>무엇이 도움이 되거나<br>혹은 아프게 했나요?) | 처음의 신체적<br>감각을<br>평가하세요<br>(1~10) | 처음의 정서적<br>괴로움을<br>평가하세요<br>(1~10) | 당신은 무엇을 했나요?<br>("나의 통증 관리 계획"을 보고<br>아이디어를 얻으세요.<br>약 복용과 그 외의<br>대처 방법을 포함하세요.) | 그것은 도움이 됐나요? | |
|---|---|---|---|---|---|---|
| | | | | | 신체적 감각을<br>다시 평가하세요<br>(1~10) | 정서적 괴로움을<br>다시 평가하세요<br>(1~10) |
| | | | | | | |
| | | | | | | |
| | | | | | | |
| | | | | | | |
| | | | | | | |
| | | | | | | |
| | | | | | | |

의견 : _____

_____

_____

### 약물치료(처방받은 약과 처방전 없이 살 수 있는 약)

| 약 이름 | 복용량과 빈도 | 어디에 좋은가 | 특별 지시 사항 |
|---|---|---|---|
| 예 : 이부프로펜 | 600mg, 4~6시간마다 | 염증, 근육통, 일반 통증 | 복통이 없도록 음식과 함께 먹기 |
|  |  |  |  |
|  |  |  |  |
|  |  |  |  |
|  |  |  |  |

### 다른 통증 관리법

| 개입 유형 | 양과 빈도 | 어디에 좋은가 | 특별 지시 사항 |
|---|---|---|---|
| 예 : 물리치료 스트레칭과 운동 | 매일 아침, 저녁에 15~20분씩 | 유연성, 힘, 지구력 | 물리치료사의 지시를 따르기, 효과는 느리게 나타날 수 있지만 오래 지속될 것임을 기억하기 |
|  |  |  |  |
|  |  |  |  |
|  |  |  |  |
|  |  |  |  |

## 나의 통증 공황 계획

보통의 방법으로 제어할 수 없는 심각한 돌발성 통증이 있을 때 이 계획을 실행하세요. 이 계획은 의사와 함께 짜고 보호자에게도 이 계획을 알려주세요. 이렇게 계획을 미리 짜놓으면 불안감이 줄고, 불필요한 응급 실행을 최소화할 수 있습니다.

### 1. 약물치료(모든 변동 사항은 의사와 상의하세요.)

통증을 제어할 수 없고 아무것도 효과가 없는 것 같을 때에는 현재 복용하는 약의 양을 늘리거나, 다른 필요한 약을 추가로 먹는 것이 도움이 되는 경우가 많습니다. 의사의 권고에 따라 평소 복용 방법과 다르지만 안전한 복용 방법을 아래에 적으세요.

현재 먹는 약의 빈도나 양에 변화 주기 : _____

필요에 따라 추가로 먹을 새로운 약 : _____

### 2. 비약물적 조치

약 복용에 변화를 주는 것 외에도 돌발성 통증이나 통증의 심각한 변화에 종종 수반되는 공황에 대처할 비약물적 조치 목록을 미리 작성해놓으면 도움이 됩니다. 예를 들면, 이 위기가 지나갈 때까지 당신과 함께 있어줄 수 있는 가족이나 친구의 전화번호를 적어둘 수 있습니다. 호흡연습, 기도, 마사지, 온열요법이나 그 외에 전에 도움이 됐던 조치를 적을 수도 있습니다.

통증이나 괴로움에 대처하는 데 도움이 될 가장 좋은 방법들을 쓰세요.

_____

_____

### 3. 병원이나 자동 응답 서비스에 전화해 통증 위기를 알리세요.

통증의 변화를 알리기 위해 언제 병원에 전화해야 하는지 의사에게 물으세요. 통증에 대해 긴급한 의료 조치를 취해야 하는지는 통증의 유형과 원인에 달려있습니다. 잘 모르겠으면 의사에게 전화하세요. 당신의 통증을 관리하는 담당 의사에게 전화해야 합니다.

의사 전화번호 : _____

### 4. 가장 가까운 응급실에 가는 방법을 찾으세요.

당신의 통증이 의사가 응급 상황이라고 정의한 것과 같으면(예 : 팔까지 이어지는 심한 가슴 통증), 119로 전화하거나 가장 가까운 응급실에 가는 방법을 찾으세요.

가장 가까운 응급실 : _____

# 삶의 질 : 목표를 세우고 앞날을 생각하기

## 목표

- 완화의료와 호스피스에 대해 배우기
- 삶의 질에 대한 개인적 정의를 내리기
- 삶의 질 목표를 세우기
- 사전의료의향서(advanced directiveness)를 포함해 의료 목표를 살펴보기
- 유산 관련 작업을 하는 것을 고려하기

## 완화의료와 호스피스

완화의료는 '치료'보다 '돌봄'에 초점을 맞춥니다. 삶의 질은 삶의 양만큼 중요하게 여겨집니다. 사람마다 삶의 질에 대해 다르게 생각하므로, 이번 회기에서 당신은 삶의 질에 대해 개인적인 정의를 내릴 것입니다. 완화의료에는 호스피스가 포함될 수 있습니다. 어떤 사람들은 호스피스가 죽어가는 사람을 위한 입원 혹은 요양원으로 '보내버리는' 것이라고 잘못 생각합니다. 사실 호스피스에는 안락함과 삶의 질을 높이기 위한 아주 기본적인 일회성 고통 완화 상담과 같은 기본적인 상담부터 보다 복잡한 문제에 대한 상담 등 많은 단계의 치료를 포함합니다. 완화의료를 받아들인다고 해서 꼭 치료를 포기하는 것은 아닙니다. 어떤 방안을 선택할 수 있을지, 원할 경우

의사와 논의할 수 있는 것입니다.


## 삶의 질

'삶의 질'이란 무엇일까요? 공식적인 정의는 없지만, 삶의 질에는 보통 다음과 같은 여러 요소가 포함된다고 여겨집니다.

- 기능(신체적 능력, 일할 수 있는 능력, 자신을 보살필 수 있는 능력 등)
- 정신건강
- 사회적 관계
- 영성

이들 범주 중 일부는 당신에게 더 중요하거나 혹은 덜 중요할 것입니다. 시간이 가면서 가치관이 변할 수도 있습니다. 예를 들어 일할 수 없는 것은 처음에는 삶의 질에 큰 영향을 미칠 수 있지만, 적응해가면서 덜 중요해질 수 있습니다. 당신은 영성 같은 다른 측면을 더 중시하기 시작할지도 모릅니다.

　삶의 질에 대한 개인적 정의를 내리기 위해 "나의 삶의 질 작업지"를 작성하세요. 정의를 내린 뒤에는 다음에 나오는 척도로 현재 당신의 삶의 질을 평가하세요.

---

**삶의 질에 대한 시각적 상사 척도(visual analog scale)**

현재 당신의 전반적인 삶의 질을 가장 잘 나타내는 숫자에 동그라미를 치세요. 숫자가 클수록 삶의 질이 더 높은 것입니다. 삶의 질은 날마다 다르겠지만, 지난 1~2주 동안 평균적인 삶의 질을 생각해보세요. 삶의 질에 대한 당신의 정의를 이용하세요. 가끔씩 이 척도를 다시 보고 새로 평가하고 싶을 수도 있습니다.

*0 ... 10 ... 20 ... 30 ... 40 ... 50 ... 60 ... 70 ... 80 ... 90 ... 100*

---

## 나의 삶의 질 작업지

사람마다 삶의 질을 다르게 정의합니다. 당신의 삶의 질에 기여하는 요소를 알기 위해 아래 목록을 이용하세요. 빈칸에 추가 요소를 적으세요. 추가 요소는 음악, 미술, 독서, 요리, 그 외에 당신에게 기쁨을 주는 것 등이 될 수 있습니다. 각 요소가 당신의 삶의 질에 얼마나 중요한지 숫자에 동그라미를 치세요.

| 삶의 질 요소 | 중요도 | | | | |
| --- | --- | --- | --- | --- | --- |
| | 중요하지 않음 | | | | 매우 중요 |
| 신체적/실질적 | 0 | 1 | 2 | 3 | 4 | 5 |
| 이동할 수 있는 능력 | 0 | 1 | 2 | 3 | 4 | 5 |
| 통증 | 0 | 1 | 2 | 3 | 4 | 5 |
| 수면 | 0 | 1 | 2 | 3 | 4 | 5 |
| 에너지 | 0 | 1 | 2 | 3 | 4 | 5 |
| 돈 | 0 | 1 | 2 | 3 | 4 | 5 |
| | 0 | 1 | 2 | 3 | 4 | 5 |
| 정신건강 | 0 | 1 | 2 | 3 | 4 | 5 |
| 우울 | 0 | 1 | 2 | 3 | 4 | 5 |
| 불안 | 0 | 1 | 2 | 3 | 4 | 5 |
| 분노 | 0 | 1 | 2 | 3 | 4 | 5 |
| | 0 | 1 | 2 | 3 | 4 | 5 |
| 사회적 관계 | 0 | 1 | 2 | 3 | 4 | 5 |
| | 0 | 1 | 2 | 3 | 4 | 5 |
| 영성 | 0 | 1 | 2 | 3 | 4 | 5 |
| | 0 | 1 | 2 | 3 | 4 | 5 |
| | 0 | 1 | 2 | 3 | 4 | 5 |
| | 0 | 1 | 2 | 3 | 4 | 5 |

삶의 질의 일부 측면은 당신이 제어할 수 없을 수 있지만, 몇 퍼센트는 늘 제어할 수 있다는 것을 기억하세요. 이는 부정적 요소(예 : 통증, 불면증)를 줄이거나 긍정적 요소(예 : 가족과 더 많은 시간을 보내기)를 늘리는 것을 뜻할 수 있습니다. 삶의 질에 미치는 통제할 수 없는 영향에 대해서는 제3회기의 정서 중심 대처를 다시 참조하세요. 또 제11회기에서는 회복력과 초월에 대해 다룰 것입니다.

## 삶의 질 향상을 위한 목표 세우기

상황은 거의 늘 변하고 있기 때문에 삶의 질을 최대한 높이려는 목표를 위해 지속적인 노력이 필요합니다. 단지 많이 아프다고 해서 삶과 성장을 포기해야 하는 것은 아닙니다. 사실 질병은 때로는 건강할 때보다 더 빨리, 더 많이 성장하는 데 도움이 되기도 합니다. 질병이 있으면 목표를 세워 방향 감각을 유지하고 무언가를 기대하게 됩니다.

오늘의 목표를 생각하면서 단기 목표부터 시작하세요. 아주 구체적이고 현실적인 목표를 세우세요. 예를 들면 '행복하기'라는 목표는 좀 모호하고, 어떻게 이뤄야 할지 알 수가 없습니다. '이번 회기가 끝나고 손녀 집에 가서 옛이야기를 나누기'라는 목표는 구체적이고 현실적이며 당신을 행복하게 할 수 있습니다. 지금부터 1~2주 동안 매일 아침에 '오늘의 목표'를 세워보세요. 목표의 예로는 강아지 산책시키기, 특별한 요리를 하기, 가장 좋아하는 영화 보기, 동생에게 전화하기, 부엌 바닥 쓸기 등이 있습니다. 나날의 목표는 즐거움이나 성취감을 줄 수 있습니다. 각 유형의 목표를 하나씩 세우는 것도 고려해볼 수 있습니다. 다른 제안은 제4회기의 "즐거운 활동 목록"을 참조하세요. 사회적 지지와 친밀감 쌓기와 관련된 목표에 대해서는 제7, 8회기를 참조하세요. 이 장 끝에 "오늘의 목표" 양식이 있습니다.

이번 주, 이번 달, 올해의 더 큰 '삶의 질' 목표도 세워야 합니다. 이 '계획'을 마칠 수 있다는 보장은 없지만, 적어도 시작해서 과정을 즐기지 못할 이유는 없습니다. 이 목표들은 물리적 변화, 개인적 성장, 관계, 즐거움, 일, 건강, 생활방식 등에 대한 것일 수 있습니다. 제1회기에서 세운 첫 목표를 다시 살펴보세요. 여전히 그 목표를 갖고 있나요? 그 목표는 삶의 질에 대한 당신의 정의에 어떻게 들어맞나요? 이 장 끝에 있는 "나의 삶의 질 목표" 양식을 이용해 목표를 바꾸거나 더 장기적인 목표로 가는 새로운 방법을 정하세요. 그 양식에는 단기 목표와 장기 목표의 예가 나와있어 도움이 될 것입니다. "나의 삶의 질 작업지"에서 가장 높게 평가한 요소를 꼭 다시 살펴보세요. 전체적인 목표는 당신이 정의한 삶의 질을 최대한 높이는 것입니다.

## 삶의 질 목표를 이루기

목표를 생각해 정하는 것이 과업의 절반이라면, 나머지 절반은 목표 달성 방법을 찾는 것입니다. 어려움이 종종 있을 것이고 문제 해결 기술을 이용해야 할 것입니다(제3회기 참조). 제3회기에서 적었던 긍정적 자기암시와 당신의 장점을 잊지 마세요. 당신은 과거에 성공한 적이 있습니다. 효과가 있었던 방법을 다시 이용하세요! 때로는 약간의 브레인스토밍과 미리 준비하는 것이 큰 도움이 될 수 있습니다.

다음은 몇 가지 예가 될 수 있는 다른 제안입니다.

- 목표를 작고 쉬운 단계들로 나누세요.
- 낙담시키는 생각이 들면 ABCD 연습을 하세요.
- 각 단계에서 진전을 확인하고 인식하세요('진전'이란 목표의 부분적인 달성일 수 있으며, 혹은 삶에 질에 미치는 어떤 영향력일 수 있습니다.).
- 그 누구도 늘 목표를 100% 달성하지는 못한다는 것을 기억하세요.
- 현실적인 목표를 세우고 핵심 자원을 이용할 수 있도록 하세요.
- 당신에게 맞는 속도로 나아가세요. 때로는 느긋한 속도로 나아가면 삶의 질이 높아집니다.
- 장애물을 도전으로 여기세요.
- 필요할 때 도움을 청하는 것을 두려워하지 마세요(제7회기 참조).
- 필요하면 조언을 구하세요.

- '모 아니면 도'식 사고방식을 피하세요. 유연하게 생각해야 도움이 됩니다.
- 창조성을 발휘하세요.
- 당신과 가족과 친구들의 삶의 질이 궁극적 목표라는 것을 기억하세요.
- 삶의 질이 얼마나 높아졌는지 정기적으로 평가하고 필요하면 목표를 조정하세요.

## 치료 목표

좋은 '삶의 질' 목표 중 하나는 수준 높은 의료 서비스를 찾아 받는 것입니다. 이는 치료에서 당신이 협력자로 존중받는 것을 포함합니다. 당신이 생물의학적 치료법의 질을 평가하기는 어렵겠지만, 당신이 받는 의료 서비스의 다른 측면을 평가할 수는 있습니다. 예를 들면 당신은 환자로서 어떻게 존중받고 있나요? 당신이 어떤 치료를 선호할 때 그 의견을 의료인과 협의 가능한가요? 의료인에게 무엇을 원하고 있는지 생각해보세요. 필요할 경우 의료 서비스의 질을 높이기 위한 요청을 하세요. 의료인과 갈등이 있다면 제8회기의 갈등 해결 단계와 "의료 서비스를 최대한 활용하기" 부분을 참조하세요. 삶의 질에 영향을 미치는 증상 관리 문제가 있다면, 제9회기의 "증상 관리 작업지"를 다시 보세요.

질병이 악화되면 치료법도 이에 따라 강도가 세질 것입니다. 당신이 원하는 것을 표현할 수 없는 때가 올지도 모릅니다. 원하는 치료를 확실하게 보장받는 데 도움이 되는 한 방법은 사전의료의향서를 작성하는 것입니다.

### 사전의료의향서

사전의료의향서는 당신이 스스로 결정하거나 당신의 희망을 표현할 능력을 잃을 경우 이용되는 법적 문서입니다. 사전의료의향서는 대부분의 병원과 호스피스에서 구할 수 있고 온라인에서도 구할 수 있습니다. 어떤 양식을 작성해야 하는지 의사와 꼭 상의하세요. 주마다 법규가 다르고 병원마다 절차나 양식이 다를 수 있습니다.

사전의료의향서에는 생전 유언(Living Will)과 계속적 의료 위임장(Durable Power of Attorney for Health Care)이 포함될 수 있습니다.

### 생전 유언

이 문서에서는 자신이 아주 위독한 상태가 됐을 경우 어떤 의료 처치와 연명 조치를 원하는지를 명시합니다. 생전 유언에는 소생술, 인공호흡, 튜브영양, 혼수상태일 경우 무엇을 할지에 대한 개인의 선호 등이 포함됩니다. 생전 유언은 상속 등을 명시하는 일반적인 유언과는 무관합니다.

생전 유언에는 심폐소생술 금지와 삽관 금지 지시를 포함할 수 있습니다. 환자의 요청에 따라 이 지시는 진료차트에 기록되고, 이 지시에 따라 의료인은 심폐소생술을 실시하거나 튜브로 환자의 기관과 호흡기계를 연결하지 않고 환자가 평안히 숨을 거두도록 할 수 있습니다.

### 계속적 의료 위임장

계속적 의료 위임장을 작성하면 당신이 의료 처치에 대한 결정을 스스로 할 수 없을 때 당신을 대신해 결정할 사람을 지명할 수 있습니다. 이 대리인은 가족이나 친구 등이 될 수 있습니다. 이 문서는 생전 유언보다 훨씬 더 넓은 범위를 다루며, 더 많은 유형의 치료 결정을 포함합니다.

## 사전의료의향서 준비

사전의료의향서는 당신이 아플 때나 장애가 있을 때에도 통제력을 가지는 방법입니다. 당신의 건강 상태가 어떻든지 언제나 준비해두는 것이 좋습니다. 다음은 사전의료의향서를 준비하는 방법입니다.

1. 당신이 어떤 선택을 할 수 있는지 가족과 친구, 의료진과 논의하세요. 의사는 의학 용어와 발생 가능한 시나리오를 설명해줄 수 있습니다.
2. 당신이 거주하는 주에 적합한 양식을 작성하세요. 원하지 않으면 변호사와 상담할 필요는 없습니다. 의사나 사회복지사, 그 외에 의료팀의 다른 구성원이 양식을 주고 작성을 도울 수 있습니다. 이 과정을 보여주는 한 가지 인기 있는 양식은 '다섯 가지 소원'이라고 불리는데, 온라인에서 무

료로 이용할 수 있습니다. 더 많은 양식이나 정보를 원한다면, 미국호스피스재단이나 www.GrowthHouse.org 같은 단체에 문의하세요.

3. 계속적 의료 위임장을 제출할 경우 대리인을 지명하세요. 계속적 의료 위임장을 작성하기 위해 생전 유언을 작성해야 하는 것은 아닙니다. 생전 유언에서는 그 누구도 발생할 수 있는 모든 의학적 상황을 예측할 수는 없습니다. 그렇기에 한 가지 양식만 작성하고 싶다면 계속적 의료 위임장이 최선일 수 있습니다. 당신은 누구를 대리인으로 지정하는 것이 가장 좋을지 가족과 친구들과 상의하셔야 합니다. 당신의 소망을 이뤄줄 수 있는 사람이 가장 적합한 사람이라는 것을 기억하세요. 당신과 가장 가까운 사람이 가장 적합한 대리인은 아닌 경우도 있습니다.

4. 사전의료의향서를 사람들에게 나눠주고 가까운 곳에 두세요. 의사, 병원, 가족 구성원 등은 모두 사본을 갖고 있어야 합니다. 그리고 집 안에서 쉽게 손닿는 곳들(예 : 냉장고, 침대 곁)에 여러 부를 두세요.

5. 사전의료의향서를 정기적으로 다시 보고 갱신하세요. 상황과 사람들과 선호는 변하기 때문에 사전의료의향서를 가끔씩 다시 읽고 필요하면 수정하는 것이 좋습니다. 수정 내용은 관련된 모든 사람에게 꼭 알리세요.

## 말년 또는 유산 관련 작업

심각한 질병의 관리와 관련해 '처리할 일'이 많지만, 삶의 이 단계를 지나는 데 도움이 되는 더 즐거운 일도 여러 가지 있습니다. 삶의 질에 대한 당신의 주관적 정의와 삶의 질을 유지하거나 높이기 위해 쓴 첫 목표를 다시 살펴보세요. 삶의 질 목표 목록에 유산 관련 작업을 추가하는 것을 생각해보세요. 말년 또는 유산 관련 작업은 삶의 질에서 사회적, 심리적, 영적 측면을 개선하기 위한 것입니다(물론 이 관련 작업의 많은 부분은 삶의 어느 단계에서나 유익할 수 있습니다.). 다음은 창조적으로 관련된 작업을 하는 예들입니다.

## 비디오 일기 작업

자신 그리고/또는 가족과 친구들이 이야기를 하고 느낌을 나누는 것 등을 비디오로 찍으세요. 이 비디오테이프는 다음 세대에게 역사를 기록한 소중한 선물이 될 것입니다. 또 비디오 찍는 것을 계기로 사랑하는 사람들과 예전에 있었던 일, 지금 느낌, 감사할 이유에 대해 의미 있는 대화를 할 수도 있습니다. 녹음테이프나 CD에 가장 좋아하는 노래나 당신이 부른 노래, 이야기를 녹음할 수도 있습니다.

## 미술작품 만들기

때때로 그림이나 조각 같은 비언어적 방법으로 느낌을 표현하면 정서적 행복에 큰 도움이 될 수 있습니다. 이것은 예술적 재능과는 관계없습니다. 작품을 다른 사람에게 보여줄 필요도 없고, 종이와 크레용처럼 간단한 재료만 있어도 됩니다. 때로는 가족이나 친구와 미술 작업을 함께하면 더욱 돈독한 관계가 되는 의미 있는 경험을 할 수 있습니다.

## 편지 쓰기

사람들은 느낌을 글로 표현하지 않는 경우가 많습니다. 삶에서 중요한 사람이나 고마운 사람, 감사한 일을 생각해보세요. 당신은 '팬레터'나 감사와 존경을 표하는 편지를 쓸 수 있습니다. 이 편지를 쓰는 당신과 받는 사람 모두 기분이 좋아질 것입니다. 또는 편지를 쓰고 보내지 않아도 되고, 이제는 닿을 수 없는 사람들에게 편지를 쓸 수도 있습니다.

## 이 프로그램의 끝을 준비하기

이 프로그램에는 이제 한 회기만 남았습니다. 마지막 회기는 영성과 '앞날을 생각하기'에 초점을 맞출 것입니다. 논의하고 싶은 것도 생각해오세요. 다음 한 주 동안 이 워크북 전체를 다시 보고 질문이나 요청, 생각을 적으세요. 여기까지 해낸 것을 축하합니다! 이 프로그램이 끝나더라도 당신이 배운 기술은 계속 이용할 수 있다는 것을 기억하세요.

## 숙제

✎ "나의 삶의 질 작업지"를 작성하세요.

✎ "오늘의 목표" 양식을 작성하세요.

✎ "나의 삶의 질 목표" 양식을 작성하세요.

✎ 유산 관련 작업을 하는 것을 생각해보세요.

✎ 이 워크북 전체를 다시 보고 마지막 회기를 준비하세요.

메모 :

_____

_____

_____

_____

**오늘의 목표**

날마다 '즐거움을 주는 목표' 한 가지(예 : 영화 보기)와 '성취감을 주는 목표' 한 가지(예 : 설거지하기)를 적으세요. 하루를 마무리하며 달성한 목표에 체크 표시를 하세요. 필요하면 목표를 다른 날로 넘기세요. 작고 현실적인 목표를 세우는 것을 기억하세요.

| | 즐거움을 주는 목표 | 달성했나? | 성취감을 주는 목표 | 달성했나? |
|---|---|---|---|---|
| 일 | | | | |
| 월 | | | | |
| 화 | | | | |
| 수 | | | | |
| 목 | | | | |
| 금 | | | | |
| 토 | | | | |

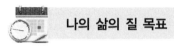 

삶의 질을 높일 단기, 중기, 장기 목표를 세워보세요. 삶의 질에 대한 당신의 정의를 꼭 다시 살펴보세요. 효과를 최대화하기 위해 가장 높이 평가한 요소들을 포함하세요. 신체적 단기 목표의 예로 '메스꺼움에 대한 새 약을 처방받기 위해 의사에게 전화하기'를 들 수 있습니다. 메스꺼움에 대한 중기 목표는 '메스꺼움 방지 쇼핑 목록을 적어서 요리를 도맡는 우리 딸에게 주기'가 될 수 있습니다. 장기 목표는 '고기 냄새에 둔감해지기 위한 프로그램을 마치기'가 될 수 있습니다.

|  | 단기 | 중기 | 장기 |
|---|---|---|---|
| 신체적/실질적 |  |  |  |
|  |  |  |  |
| 정신건강 |  |  |  |
|  |  |  |  |
| 사회적 |  |  |  |
|  |  |  |  |
| 영적 |  |  |  |
|  |  |  |  |

# 회복력, 초월과 영성

## 목표

- 회복력과 초월을 지향하기
- 영성과 개인적 성장의 중요성을 알기
- 이 프로그램을 다시 살펴보기
- 다음 단계를 계획하기

## 사례

헤스터의 부모님은 헤스터가 3세밖에 안 됐을 때 이혼했다. 아빠는 종적을 감췄고 엄마는 슬픔에 잠겨 보드카와 담배에 빠졌다. 헤스터는 11세 때 자신을 돌봐주기로 했던 이웃의 남자 친척에게 성추행을 당했다. 17세 때에는 노상강도를 당했고 목이 거의 베일 뻔했던 부분에 지금도 상처가 남아있다. 헤스터는 37세 때 가슴에서 멍울을 발견했는데 암 진단을 받았다. 그리하여 유방절제술과 화학요법을 받았다. 현재 49세인 헤스터는 아주 성공적인 비영리단체의 사무총장이다. 단체에서는 위험에 처한 10대 여자아이들의 정신건강을 돌보고 이들을 '멘토 언니'와 짝지어줘 이들이 성장하고 잘 자라도록 돕는다. 단체는 150명이 넘는 여자아이들이 고등학교를 졸업하고 대학에 진학하게 도왔다. 헤스터는 앞날을 내다보며 이 아이들이 회복력을 딸과 손녀에게 전해주길 바란다. 지역 기자가 헤스터에게 어떻게 그렇게 많은 일을 이겨내고 많은 것을 베풀 수 있었는지 물었을 때, 헤스터는 이렇게 대답했다. "제게 상처는 힘이에요. 상처가 없었다면 사랑받고 있다고 느끼는 것이 얼마나 중요한지 깨닫지 못했을 거예요."

## 회복력과 초월

회복력은 역경을 극복할 수 있는 능력이라고 할 수 있습니다. 회복력은 큰 상처를 입었더라도 다시 일어날 수 있는 능력입니다. 회복력 있는 사람은 엄청난 어려움을 견뎌내고 다시 일어서서 툭툭 털고 앞으로 계속 나아가는 경우가 많습니다. 초월은 회복력에서 한 걸음 더 나아갑니다. 어려움을 이겨내고 살아남을 뿐만 아니라, 어려움에서 배우고 그로 인해 성장해 더 나은 사람이나 더 강한 사람이 되는 것입니다. 상처나 장애, 심지어 회복이 어려운 병에 걸린 것을 바탕으로 성장한 사람들의 이야기는 많습니다. 이들은 일반적인 의미에서는 이제 '몸이 건강한' 상태는 아니겠지만, '마음이 건강한' 또는 '영혼이 건강한' 상태가 됐습니다. 이는 단순한 신체적 기능보다 훨씬 더 가치 있는 성취입니다.

### 회복력을 기르는 방법

병을 생각하면 당신은 별로 회복력 있게 느껴지지 않을 수 있습니다. 종종 피곤하거나 통증이 있거나 그저 하루하루 대처하는 것이 힘에 부칠지도 모릅니다. 다행히 회복력을 기를 수 있는 방법이 있습니다.

안식처를 찾으세요. 누구나 힘겹게 대처해야만 하는 스트레스원에서 벗어날 '공간'이 필요합니다. 그곳은 뜰, 바닷가, 교회나 친구 집 같은 물리적 공간일 수 있습니다. 또는 명상, 지시적 심상 요법 등 편안히 이완할 수 있는 정신적 공간일 수도 있습니다.

무상(impermanence, 無常)을 받아들이세요. 모든 것에는 끝이 있다는 사실을 기억하세요. 좋은 것에도 끝이 있지만 나쁜 것에도 끝이 있습니다. 통증도, 고통도 영속되지 않습니다. 당신은 삶에서 아주 좋았던 때와 아주 힘들었던 때를 기억할 것입니다. 그 당시에는 상황이 변하지 않을 것처럼 보였을지도 모릅니다. 하지만 상황은 변했지요. 당시에는 어떻게 변하는지 우리가 모를지라도 상황은 늘 변합니다.

당신의 통제력을 믿으세요. 어떤 것은 통제할 수 없지만, 당신은 생각보다 더 큰 영향력을 가진 경우가 많습니다. 상황이 아니라 당신의 기분을 통제하는 것일지라도 말이지요. 당신은 상황에 대해 어떻게 생각할지 조절할 수 있습니다. 상황에 대해 누구에게 말하고 누구에게 말하지 않을지를 통제할 수 있습니다. 당신은 변할 수 없는 상황에 어떻게 대처할지를 통제할 수 있습니다. 어떤 일이 닥치든 당신은 늘 어느 정도의 통제력을 갖고 있습니다.

관계의 힘을 이용하세요. 삶을 혼자 견뎌내는 것은 어렵지만, 누군가의 도움이 있으면 거의 무엇이든 견뎌낼 수 있습니다. 가족이나 친구, 애완동물, 우리의 영성은 도움이 될 수 있습니다. '혼자' 애쓰지 말고 도움을 청하고 고맙게 받으세요.

'이유'를 찾으세요. 의미나 목적의식 없이 고통받는 것은 최악의 고통일 것입니다. 다시 일어서서 나아가야 하는 이유를 찾으세요. 당신은 만성질환으로 인해 사랑하는 사람들과 가까워지고 신중히 유산을 다음 세대에게 넘길 준비를 할 '좋은 기회'를 가질 수도 있습니다.

역할모델을 찾으세요. 이런 상황을 잘 극복했던 사람을 보지 못했다면 어떻게 해야 할지 알기가 어렵습니다. 지지 모임에 나가는 것은 다른 사람들의 대처법을 아는 좋은 방법입니다. 영감을 주는 이야기나 전기를 읽는 것도 다른 이들이 역경에 어떻게 대처하거나 초월했는지 아는 좋은 방법입니다 (부록의 추천도서 목록을 참조).

'더 넓게' 보세요. 고통은 사람마다 상대적입니다. 당신이 무언가를 잃었다는 인식에서 고통이 생깁니다. 너무 잃은 것만 보면 더 큰 그림을 못 볼 수 있습니다. 당신이 여전히 갖고 있는 것은 무엇인가요? 곧 어떤 것을 얻을 수 있을까요? 삶 전체를 본다면 무엇을 여전히 누릴 수 있나요?

질병을 개인적으로 받아들이지 마세요. 누구나 병이 들고 죽습니다. 누구나요. 운이 좋으면 미리 경고를 듣고 죽음을 준비할 수 있습니다. 당신은 (급작스러운 사고사처럼) 갑자기 죽는 대신, 마지막 나날을 소중히 보낼 기회를 가진 것일 수도 있습니다. 당신은 다양한 감정을 느낄만합니다. 하지만 이 상황은 당신에 대한 개인적인 공격이나 우주의 불의나 범죄가 아닙니다. 슬프고 힘들지만 이것은 살아있다는 것의 자연스러운 일부분입니다. 이 중요한 시간을 다른 사람들과 함께하세요. 지금은 당신이 관심을 받을 시간입니다.

많은 사람이 영성을 성장과 초월의 중요한 수단이라고 여깁니다. 심각한 질병이 있으면 궁극적 의미, 목적, 사후에 무슨 일이 일어나는지에 대한 믿음과 관련된 영적 질문을 하게 되는 경우가 많습니다. 그러나 영성은 꼭 특정 종교나 신념체계를 뜻하지는 않습니다. 가장 넓은 의미에서 영성은 우리보다 더 큰 문제, 즉 의미와 연관성, 목적, 가치에 대한 문제를 생각하는 것입니다. 영성이 중요한지, 중요하다면 어떤 형태를 취할지 결정하는 것은 당신에게 달렸습니다.

삶의 끝은 삶의 시작만큼 특별하고 영적으로 의미 있을 수 있다는 것을 기억하세요. 말년은 묵은 갈등을 해결하고 자신과 주위와 화해하고, 무엇이 중요하고 무엇이 중요하지 않은지 깨달을 시간입니다. 아프면 집중하게 되는 경우가 많습니다. 우리는 모두 죽을 수밖에 없지만, 아프면 삶의 유한성이 더 생생히 느껴지고 삶이 더 소중해집니다. 끝이 보이는 것처럼 느껴질 수도 있습니다. 한 환자는 이렇게 말했습니다. "연극을 보러 갔는데 언제 끝날지 모르면 집중하겠어요? 난 끝이 보이는 것 같아서 무대에서 눈을 떼지 않고 있어요."

다음 질문은 생각을 이끌고 불러일으키기 위한 것입니다. '정답'은 없다는 것을 기억하세요.

1. 영성은 당신이나 당신의 가족에게 중요한가요?

_____

2. 어떤 영적 믿음을 갖고 있나요?

_____

3. 어떤 영적 수행(practice)을 하고 있나요?

_____

4. 영성 상담가나 사제, 성직자와 상담하나요? 어디서 영적 안내를 받나요?

_____

5. 무엇에서 힘과 의미를 얻나요?

_____

6. 당신의 질병은 영적 수행이나 믿음에 어떤 영향을 미칠까요?

_____

7. 당신의 영적 수행은 건강이나 건강행위에 어떤 영향을 미칠까요?

_____

8. 아프게 된 이후 생각해온 더 큰 문제들로는 어떤 것들이 있나요?

_____

9. 사망 후에는 무슨 일이 일어날 것 같은가요? 그것에 준비하기 위해 해야 할 일이 있나요?

_____

10. 다른 사람들은 당신이 병중에 영적 힘의 원천을 유지하도록 어떻게 도울 수 있나요?

_____

## 영적 성장 항목

당신은 단기, 장기 목표 목록에 영적 성장 항목을 넣고 싶을 수 있습니다. 영성에는 자연과의 교감, 과학과 수학에 대한 이해, 경이롭고 주의를 끄는 시스템이면 무엇이든 포함될 수 있다는 것을 기억하세요. 영적 수행에는 기도, 명상, 음악, 교감, 친교, 자연에 있기 등이 있습니다. 영성은 (기도나 명상처럼) 혼자 수행할 수 있지만 영적 공동체에 속하면 영적, 사회적 연결이라는 두 목표를 모두 이룰 수 있습니다.

## 요약

요약하면 이 프로그램은 다음과 같이 구성되었습니다.

제1~3회기 : 스트레스와 대처-스트레스, 호흡, 인지와 마음의 습관, 평가, 대처법, 문제 해결, ABCD 연습

제4~6회기 : 기분 조절(우울, 불안, 분노)-활동 일정 계획하기, 이완, 수용, 용서

제7~8회기 : 사회적 지지-지지의 유형, 지지망, 의사소통, 경청, 자기주장, 갈등 해결, 협상

제9~11회기 : 삶의 질-증상 관리, 말년에 할 일, 목표 세우기, 유산 관련 작업, 영성, 앞날을 생각하기

당신은 이 프로그램이 끝나도 이들 기술의 전문가가 되지는 않을 것입니다. 하지만 지금 이 시점에서 더 숙달될 결실 있는 분야는 알아야 합니다.


## 프로그램에 대한 의견과 다음 단계 계획-행동 계획

다음 질문은 이 프로그램에서 당신의 경험을 평가하고 행동 계획을 짜는 데 도움이 될 것입니다.

1. 이 프로그램에서 배운 가장 중요하거나 기억에 남거나 유용한 것은 무엇인가요?

_____

_____

2. 이 프로그램에 참여한 것은 앞으로 당신에게 어떤 영향을 미칠까요?

_____

_____

3. 프로그램에서 다루지 않았거나 충분한 시간을 들이지 않은 개념이나 방

안, 그 외에 중요한 분야가 있나요?

_____

_____

4. 이 프로그램을 다시 한다면 무엇을 바꾸겠습니까? 무엇을 다르게 하겠습니까?

_____

_____

이 장 끝에 있는 "나의 행동 계획" 양식을 이용해 오늘의 마지막 회기 후에 자기관리 기술을 계속 배우고 확대하고 발전시킬 구체적인 방법을 마련하세요. 당신은 이미 단기, 중기, 장기 목표를 세웠지만, 이 계획에서는 정기적으로 어떤 전략을 쓸지 명시할 것입니다. 지난 10번의 회기 동안 당신은 스트레스, 기분, 관계, 의학적 증상을 알고 관찰하고 관리하는 많은 전략을 배웠습니다. 아마 그중 더 선호하는 전략이 있을 것입니다. 당신에게 가장 효과가 큰 전략을 행동 계획에 넣으세요. 프로그램 평가 질문에 대한 당신의 답변에 대해서도 꼭 생각해보세요.

다음은 행동 계획에 넣고 싶을 수 있는 추가 방안입니다.

## 일기 쓰기의 세 가지 방법

일기처럼 표현하는 글쓰기는 건강을 증진할 수 있다는 것이 사람들의 오랜 믿음이고, 이를 증명하는 연구가 나오기 시작하고 있습니다. 대부분의 경우 당신이 강한 감정을 느꼈던 사건에 대해 15~20분 동안 써보라고 합니다. 예를 들면 정말 기분 상했던 사건에 대해 쓰되 무슨 일이 일어났는지, 왜 일어났다고 생각하는지, 그것이 삶에 어떤 영향을 미치는지 등을 자세히 쓰는 것입니다. Pennebaker의 책 글쓰기치료(2004)에는 구체적 지시와 다양한 일기 쓰기 방법이 나와있습니다.

두 번째 방법은 더 집중적이고 기분이 좋아지는 형식의 일기를 쓰는 것인데, 이를 통해 긍정적인 일에 선택적으로 주의를 기울이고 음미하게 됩니다. 몇 주 동안 이 일기를 매일 쓰면서 기분에 어떤 영향을 미치는지 보세요. 매일 하루를 마무리할 때 10~15분 동안 세 가지 질문에 답하세요. 오늘의 답변을 지금 쓰고 싶을 수도 있습니다. 이것이 기분에 어떤 영향을 미치는지 보세요.

1. 오늘 내게 놀라움을 준 것은 무엇인가?

_____

_____

2. 오늘 내게 감동을 준 것은 무엇인가?

_____

_____

3. 오늘 내게 영감을 준 것은 무엇인가?

_____

_____

세 번째로, 일기 쓰기와 말년 유산 관련 작업을 합치는 방법이 있습니다. (손이나 전자기기로 쓴) 일기를 시나 미술작품, 옛 사진, 좋아하는 노래 MP3 등과 함께 담을 수 있습니다. 이 일기는 사랑하는 사람들과 함께 만들거나, 다른 사람들에게 선물로 줄 수 있습니다. 목표는 창조적으로 표현하면서 좋은 기억을 음미하고 기분이 좋아지는 것입니다.

### 의료팀에게 편지 쓰기

제10회기에서 감사 편지 또는 '팬레터' 쓰기를 소개했습니다. 전에 이야기했듯이 이 편지는 상대방에게 전하거나 회상록으로 보관할 수 있습니다. 편지로 고마움을 전하고 싶은 의료인이 있는지 생각해보세요.

## 프로그램의 끝

프로그램을 마친 것을 축하합니다! 이로써 예정된 치료는 끝났지만, 당신은 계속하여 삶의 질을 높이고 한 사람으로서 성장할 것입니다. 새로 배운 기술을 계속 연습하고 발전시키세요. 부록에는 혼자 즐겁게 읽을 수 있는 간단한 도서 목록과 유용한 웹사이트와 단체 정보가 있습니다. 도우미 선생님과 '추후 회기' 약속을 잡는 것도 생각해볼 수 있습니다. 나중에 필요하면 추가로 도움을 꼭 요청하세요. 당신의 남은 여정에 행운이 있기를 바랍니다!

메모 :

_____

_____

_____

_____

어떤 기술 그리고/또는 전략을 연습해 더 갈고닦고 싶은가요? 아래에 예가 나와있지만 항목을 추가할 수 있습니다. 구체적이고 현실적인 계획을 쓰세요.

| 진정 전략 | 얼마나 자주? | 언제? | 어디서? |
|---|---|---|---|
| 횡격막(복식)호흡 | | | |
| 점진적 근육 이완 | | | |
| 지시적 심상 요법 | | | |
| 명상 | | | |
| 행동 전략 | 얼마나 자주? | 언제? | 어디서? |
| 활동 일정 계획하기 | | | |
| '소중한 시간' 일정 잡기 | | | |
| 운동 | | | |
| 의사소통 | | | |
| 갈등 해결 | | | |
| 유산 관련 작업 | | | |
| 일기 쓰기 | | | |
| 세 가지 질문 일기 | | | |
| 감사 편지/팬레터 | | | |
| 인지 전략 | 얼마나 자주? | 언제? | 어디서? |
| 긍정적 자기암시 | | | |
| 생각의 균형 잡기/유익한 생각 | | | |
| ABCD 연습 | | | |
| 평가를 다시 쓰기 | | | |
| 문제 해결 | | | |
| 용서/수용 | | | |

# 추천도서와 그 외 자료

### 영감 및 영성

Bolen, J. (2007). *Close to the bone: Life-threatening illness as a soul journey* (10th Anv. Rev. ed.). San Francisco: Conari Press.

Canfield, J., & Hansen M. V. (1992). *Chicken soup for the soul: 101 stories to open the heart and rekindle the spirit.* Deerfield Beach, FL: Health Communication.

Chodron, P. (2000). *When things fall apart: Heart advice for difficult times* (New ed.). Boston: Shambhala Publications.

Frankl, V. (2006). *Man's search for meaning.* Boston: Beacon Press.

Kabat-Zinn, J. (2005). *Wherever you go, there you are: Mindfulness meditation in everyday life* (10th Anv. ed.) New York: Hyperion.

Remen, R. (2006). *Kitchen table wisdom: Stories that heal* (10th Anv. ed.). New York: Riverhead Books.

Salzberg, S. (2002). *Loving-kindness: The revolutionary art of happiness* (Rev. ed.). Boston: Shambhala Publications.

Siegel, B. (1990). *Love, medicine, and miracles: Lessons learned about self-healing from a surgeon's experience with exceptional patients.* New York: Harper Paperbacks.

Siegel, B. (2003). *365 prescriptions for the soul: Daily messages of inspiration, hope, and love.* Novato, CA: New World Library.

### 기분 및 스트레스 조절

Burns, D. (1999). *Feeling good: The new mood therapy* (Rev. ed.). New York: Avon.

Davis, M., Eshelman, E., & McKay, M. (2000). *The relaxation and stress reduction workbook* (5th ed.). Oakland, CA: New Harbinger Publications.

Greenberger, D., & Padesky, C. (1995). *Mind over mood: Change how you feel by changing the way you think.* New York: Guilford Press.

Hayes, S. (2005). *Get out of your mind and into your life: The new acceptance and commitment therapy.* Oakland, CA: New Harbinger Publications.

McKay, M., Davis, M., Fanning, P. (2007). *Thoughts and feelings: Taking control of your moods and your life* (3rd ed.). Oakland, CA: New Harbinger Publications.

Pennebaker, J. W. (2004). *Writing to heal: A guided journal for recovering from trauma and emotional upheaval.* Oakland, CA: New Harbinger Publications.

Seligman, M. (1998). *Learned optimism: How to change your mind and your life.* New York: Free Press.

Seligman, M. (2002). *Authentic happiness: Using the new positive psychology to realize your potential for lasting fulfillment.* New York: Free Press.

## 불안 및 공황

Bourne, E. (2005). *The anxiety and phobia workbook* (4th ed.). Oakland, CA: New Harbinger Publications.

Willliams, M. B., & Poijula, S. (2002). *The PTSD workbook: Simple, effective techniques for overcoming traumatic stress symptoms.* Oakland, CA: New Harbinger Publications.

Zuercher-White, E. (1998). *An end to panic: Breakthrough techniques for overcoming panic disorder* (2nd ed.). Oakland, CA: New Harbinger Publications.

## 분노 및 용서

Flanigan, B. (1994). *Forgiving the unforgivable: Overcoming the bitter legacy of intimate wounds.* New York: Wiley.

Luskin, F. (2003). *Forgive for good: A proven prescription for health and happiness.* New York: HarperOne.

McKay, M., Rogers, P., & McKay, J. (1989). *When anger hurts: Quieting the storm within.* Oakland, CA: New Harbinger Publications.

Williams, R., & Williams, V. (1998). *Anger kills: Seventeen strategies for controlling the hostility that can harm your health.* New York: HarperTorch.

## 의사소통 및 갈등 해결

Fisher, R., Patton, B. M., & Ury, W. L.(1992). *Getting to yes: Negotiating agreement without giving in* (2nd ed.). Boston: Houghton Mifflin.

McKay, M., Davis, M., & Fanning, P. (1995). *Messages: The communication skills book* (2nd ed.) Oakland, CA: New Harbinger Publications.

McKay, M., Fanning, P., & Paleg, K. (2006). *Couple skills: Making your relationship work* (2nd Rev. ed.). Oakland, CA: New Harbinger Publications.

## 삶의 마지막 시기(말년) 관련 주제

Byock, I. (1997). *Dying well: The prospect for growth at the end of life.* New York: Riverhead Books.

Lynn, J., & Harrold, J. (2001). *Handbook for mortals: Guidance for people facing serious illness* (New ed.). New York: Oxford University Press.

McFarlane, R., & Bashe, P. (1999). *The complete bedside companion: No-nonsense advice on caring for the seriously ill.* New York: Fireside.

Nuland, S. (1995). *How we die: Reflections on life's final chapter.* New York: Vintage.

Olive, B. (1998). *Time to say goodbye: What everyone needs to know.* Milwaukee, WI: LeMieux International Ltd.

## 추가 참고자료

Muñoz, R. F., & Miranda, J. (1994). SFGH Depression Clinic Group Treatment Manual. Unpublished manuscript.

Muñoz, R. F., Ying, Y. W., Bernal, G., Perez-Stable, E. J., Sorensen, J. L., Hargreaves, W. A., Miranda, J., & Miller, L. S. (1995). Prevention of depression with primary care patients: a randomized controlled trial. *American Journal of Community Psychology, 23(2),* 199-222.

## 웹사이트 및 단체

Aging with Dignity-The Five Wishes
http://www.agingwithdignity.org/
Tel: (888) 5WISHES (594-7437)

Americans for Better Care of the Dying
http://www.abcd-caring,org/
Tel: 703-647-8505

Caring Connections, National Hospice and Palliative Care Organization
http://www.caringinfo.org/
Help Line: 800-658-8898
Spanish Help Line: 877-658-8896

Growth House, Inc.
http://www.growthhouse.org
Tel: 415-863-3045

# 찾아보기